WELCOME BABY COLORING BOOK

Large Size 8.5" x 11" inches
(21.59 x 27.94 cm.)

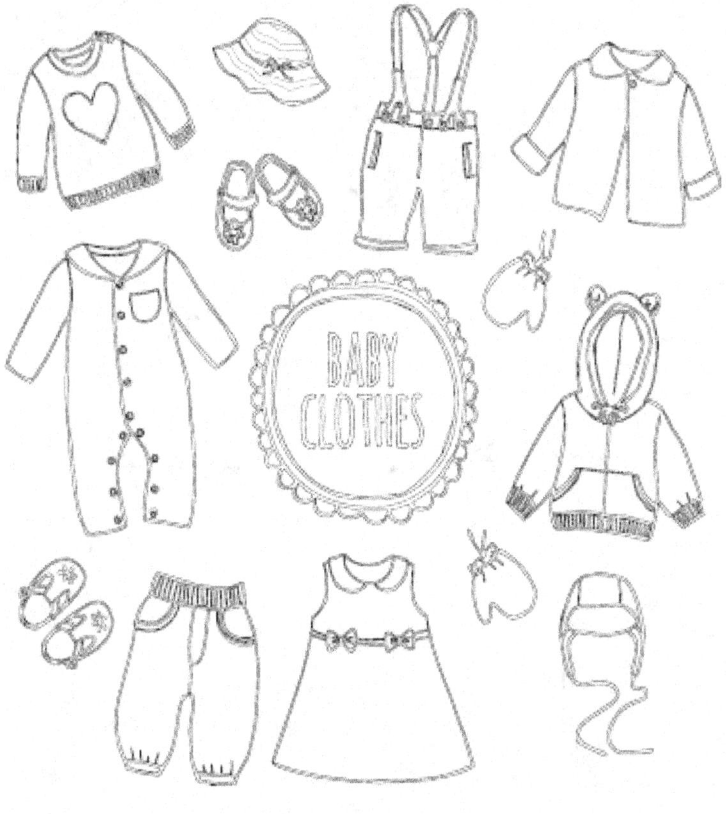

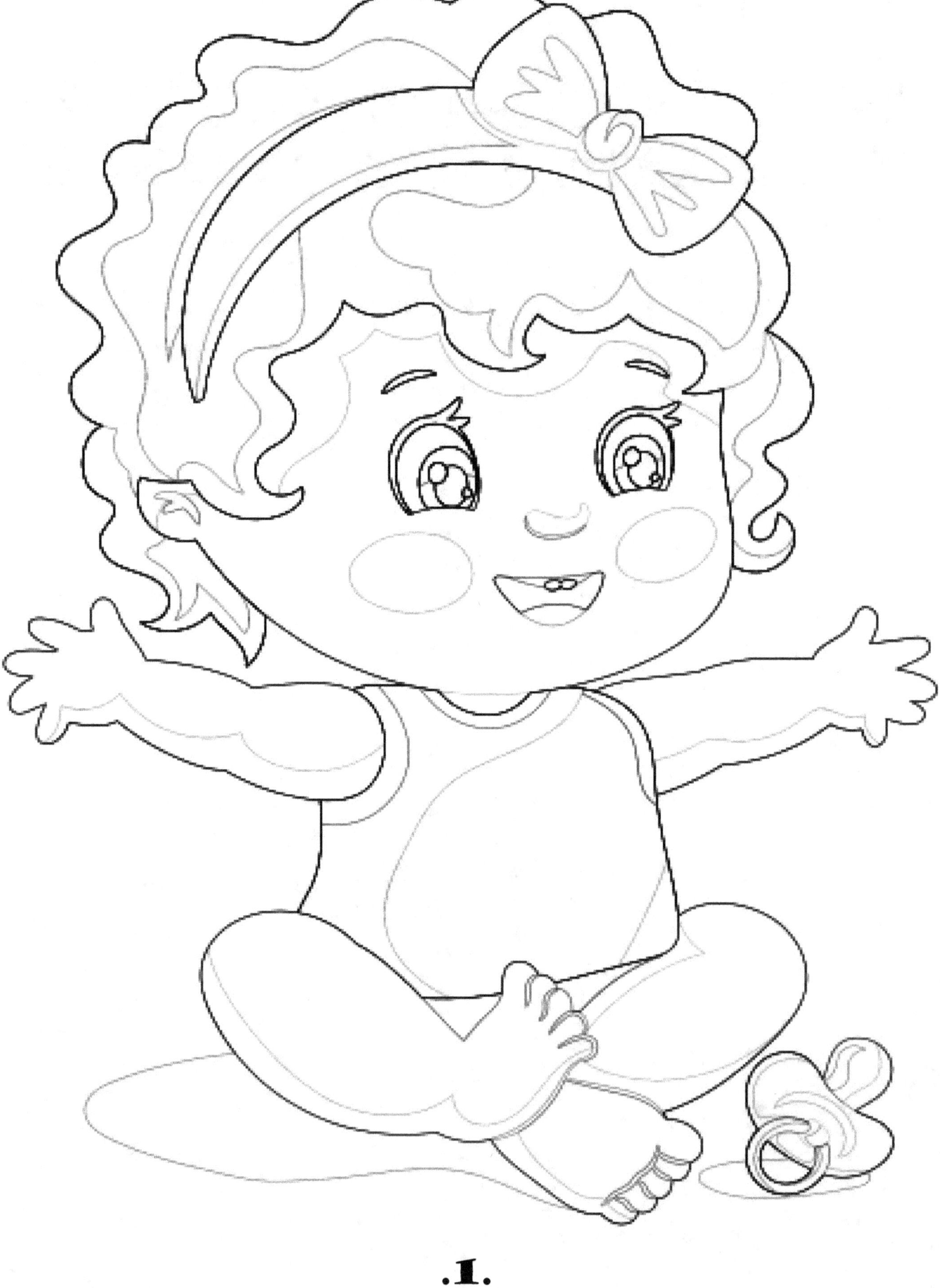

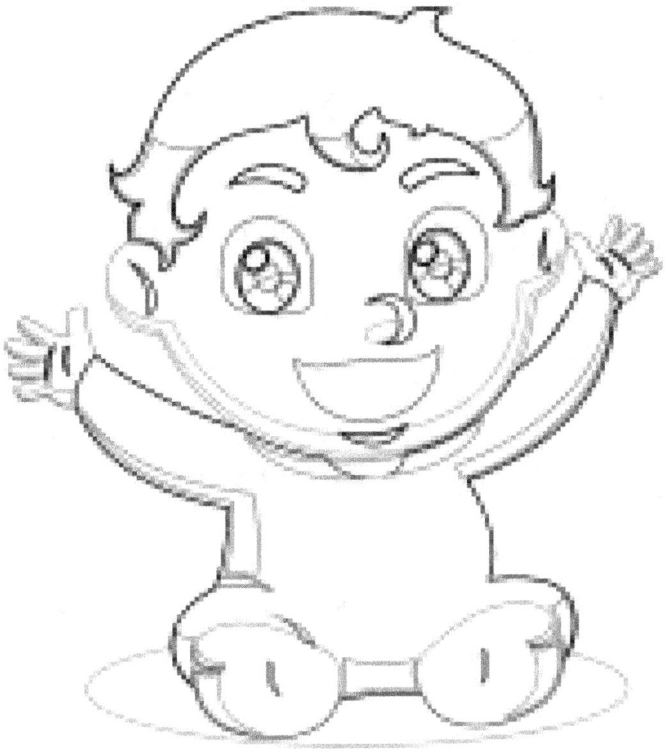
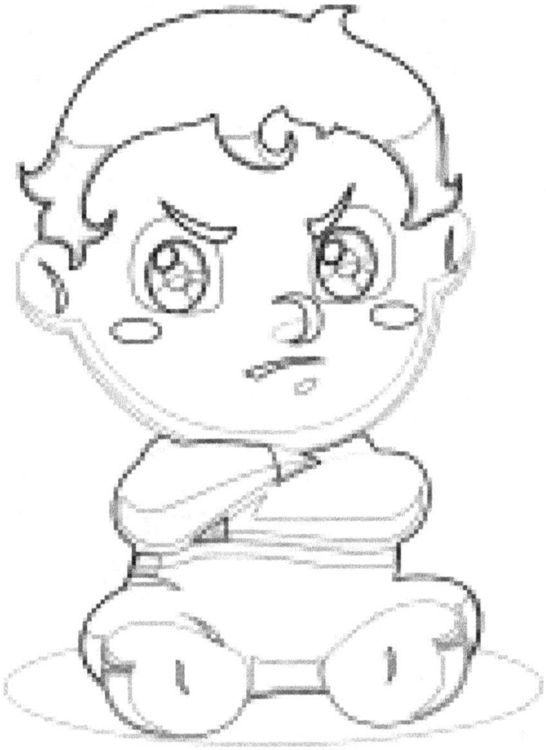
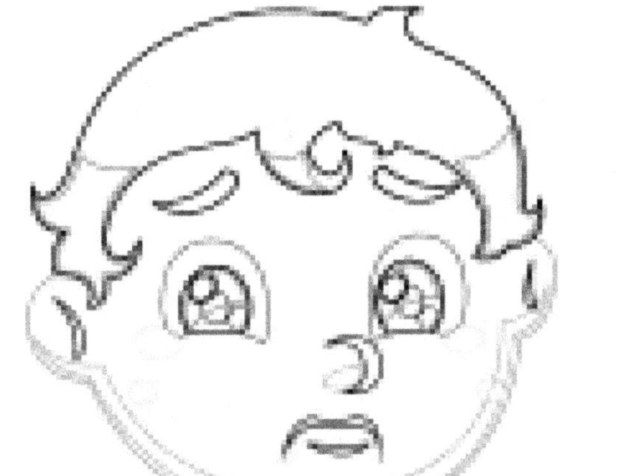
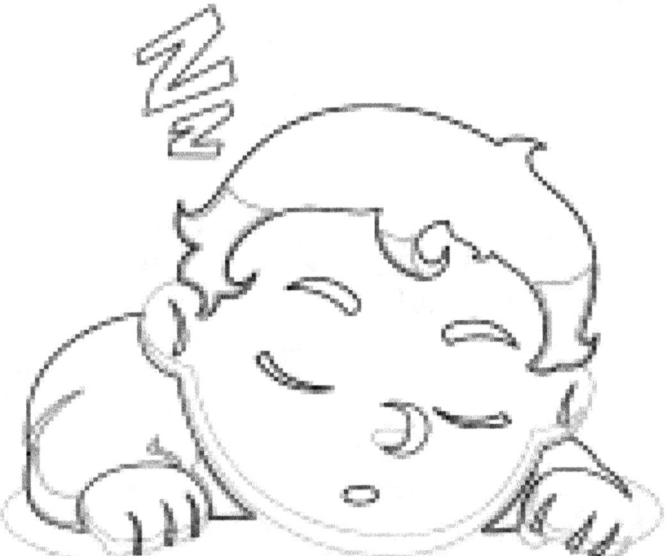

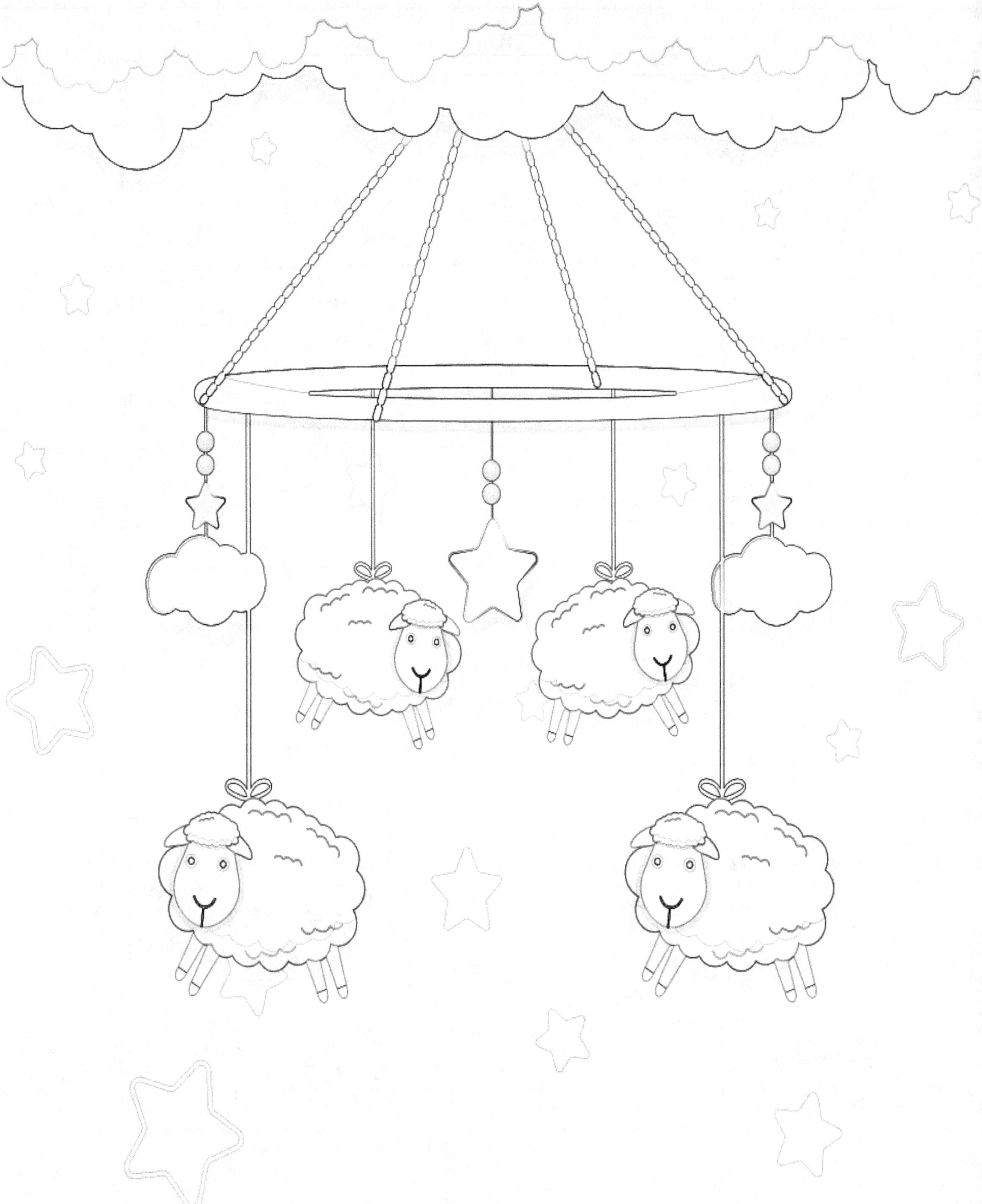

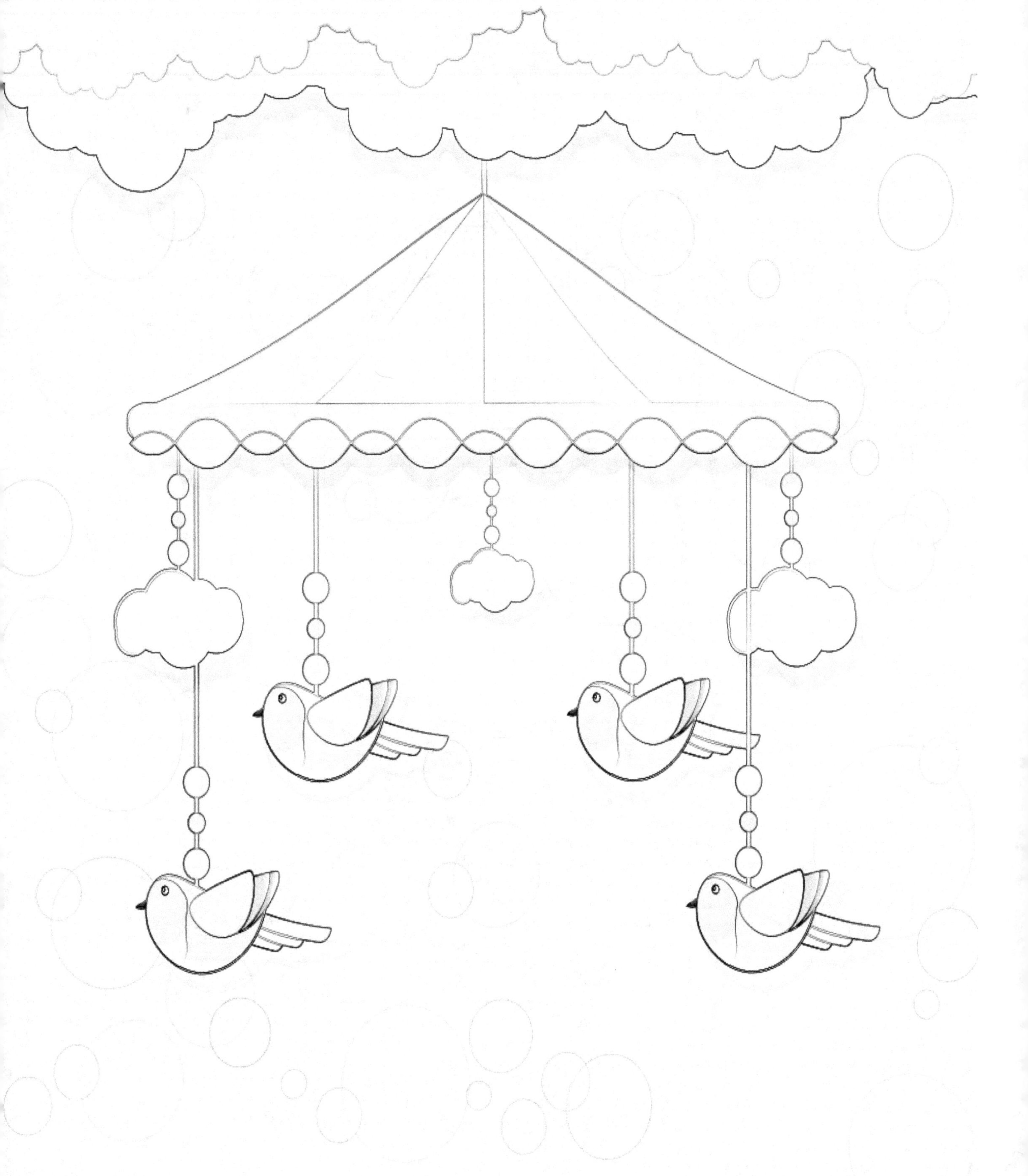

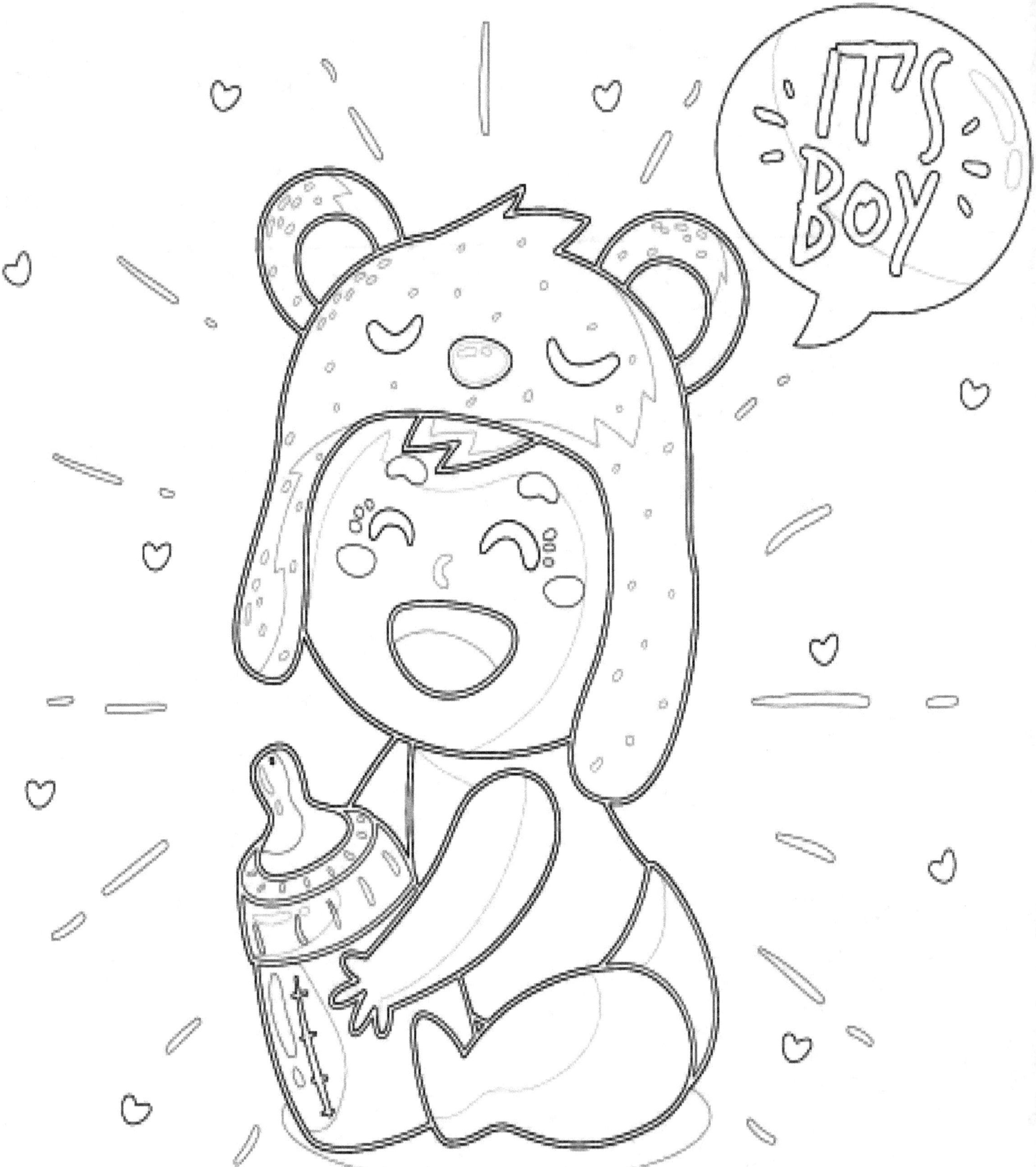
IT'S
BOY

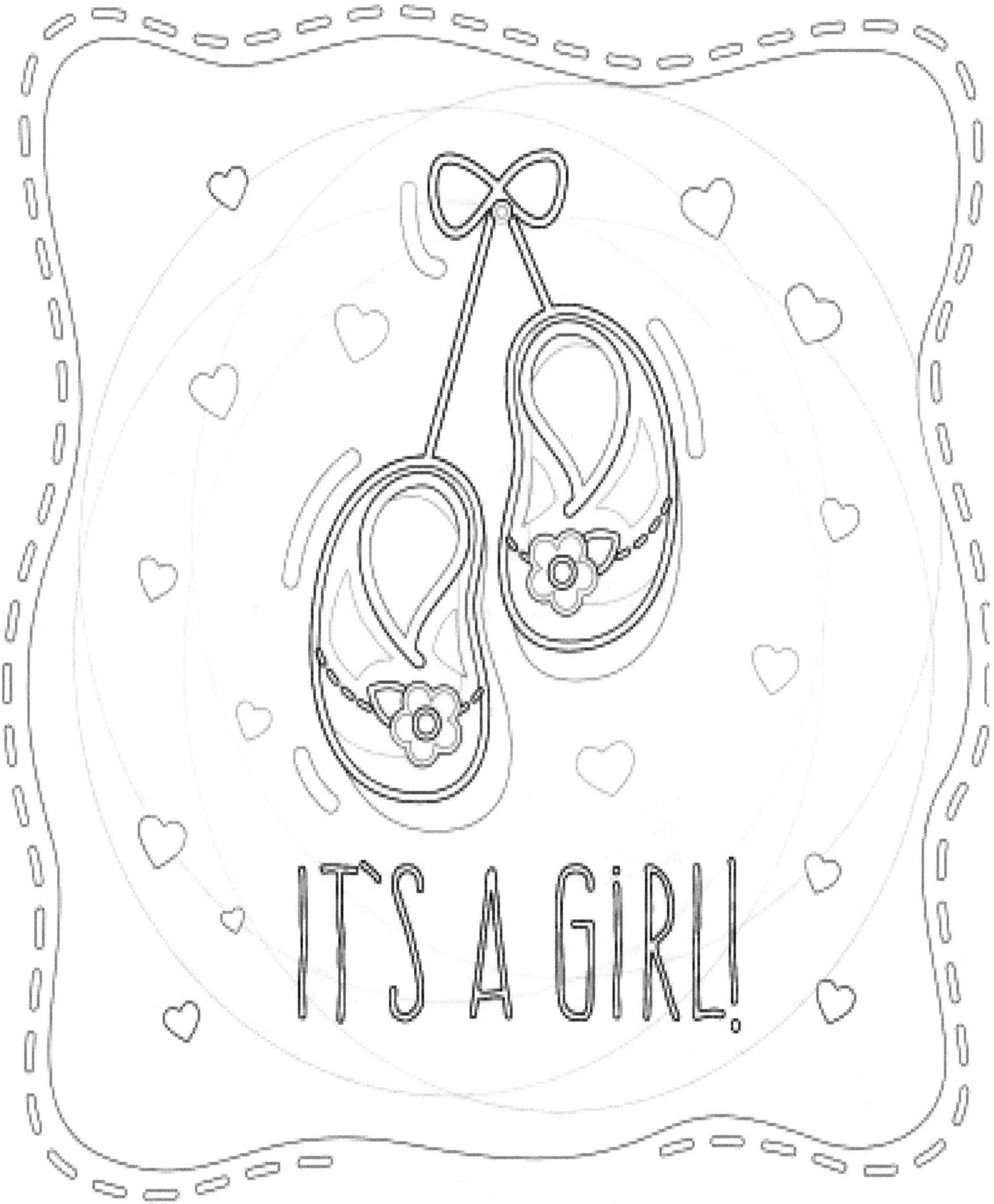
IT'S A GIRL!

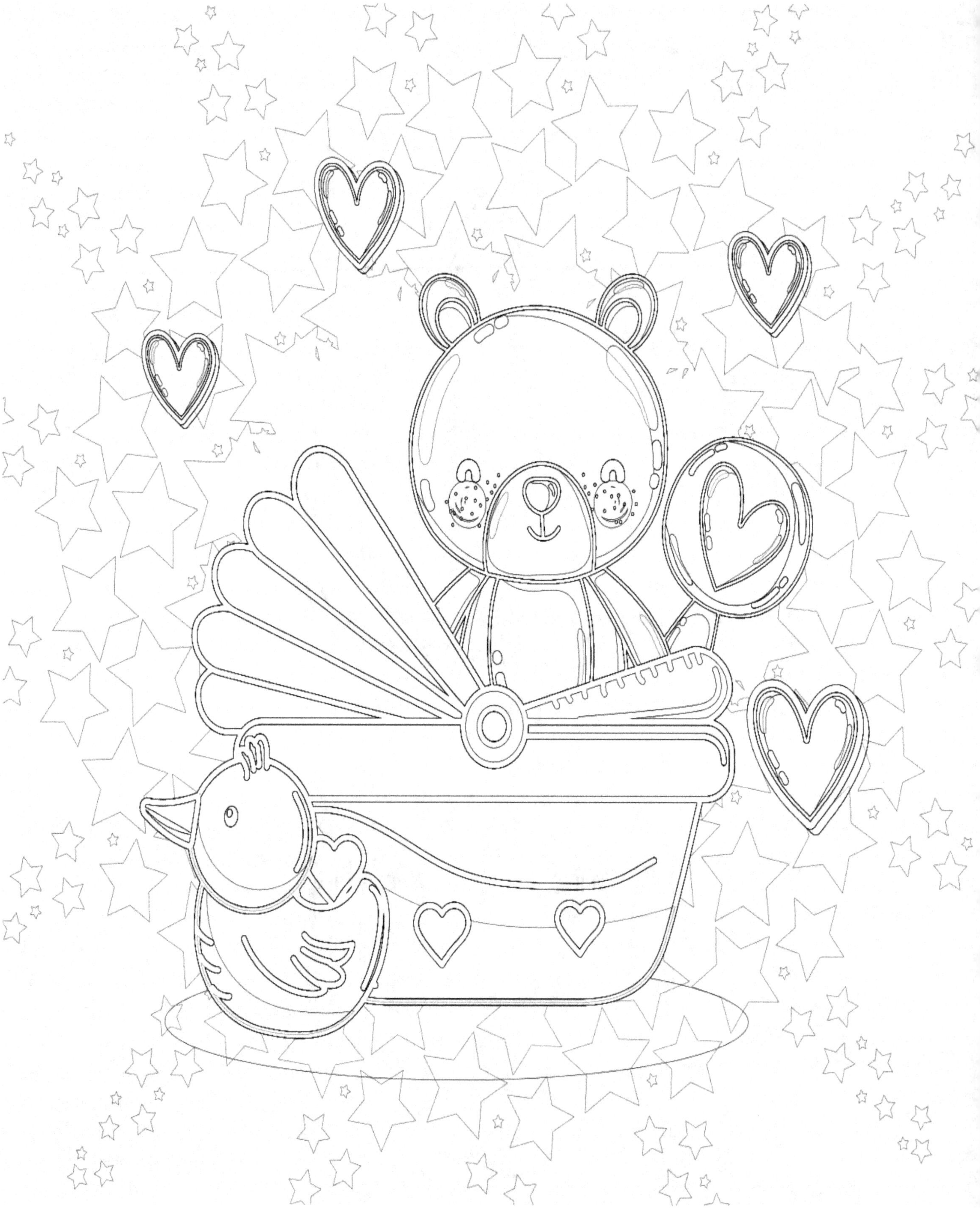

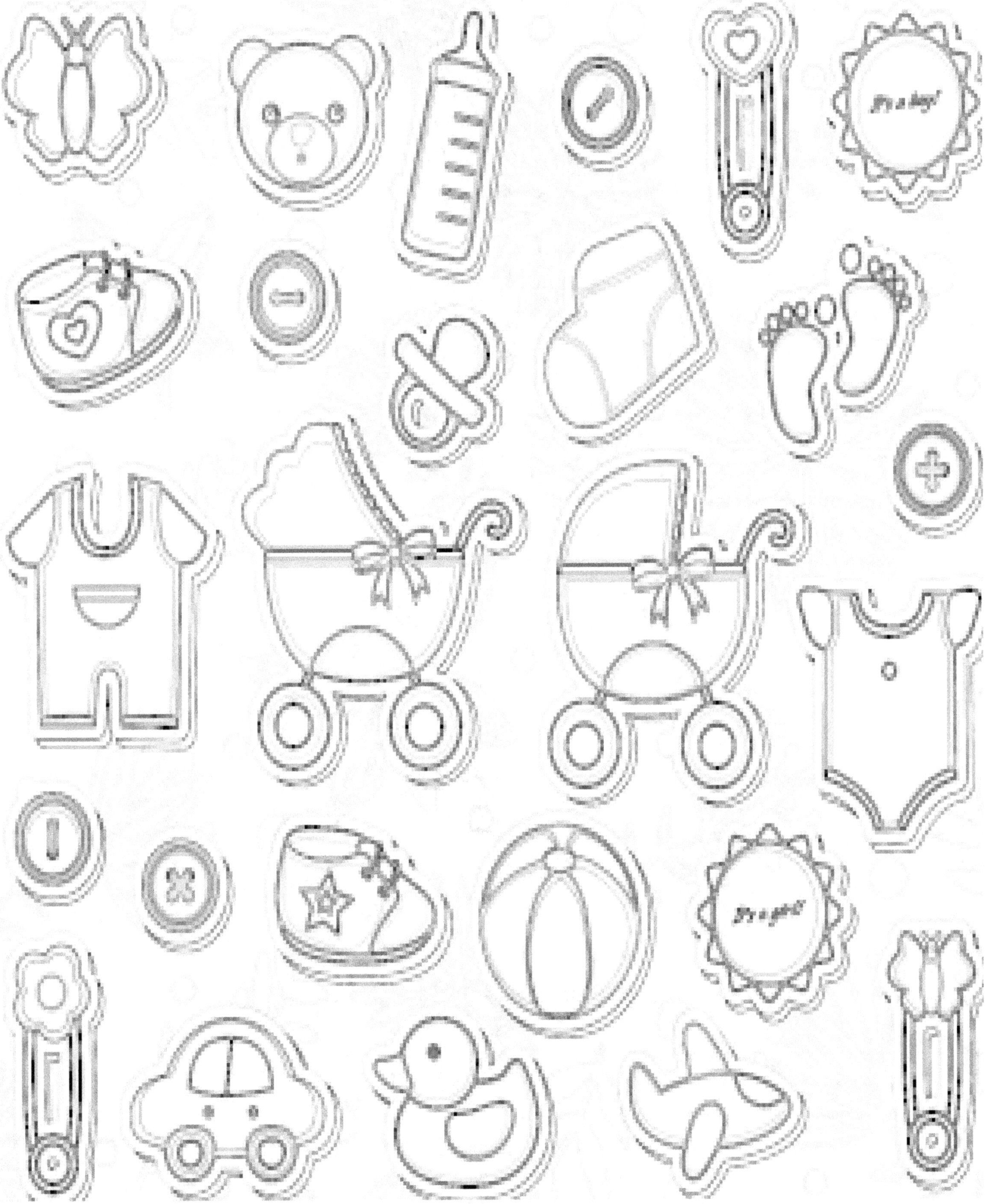

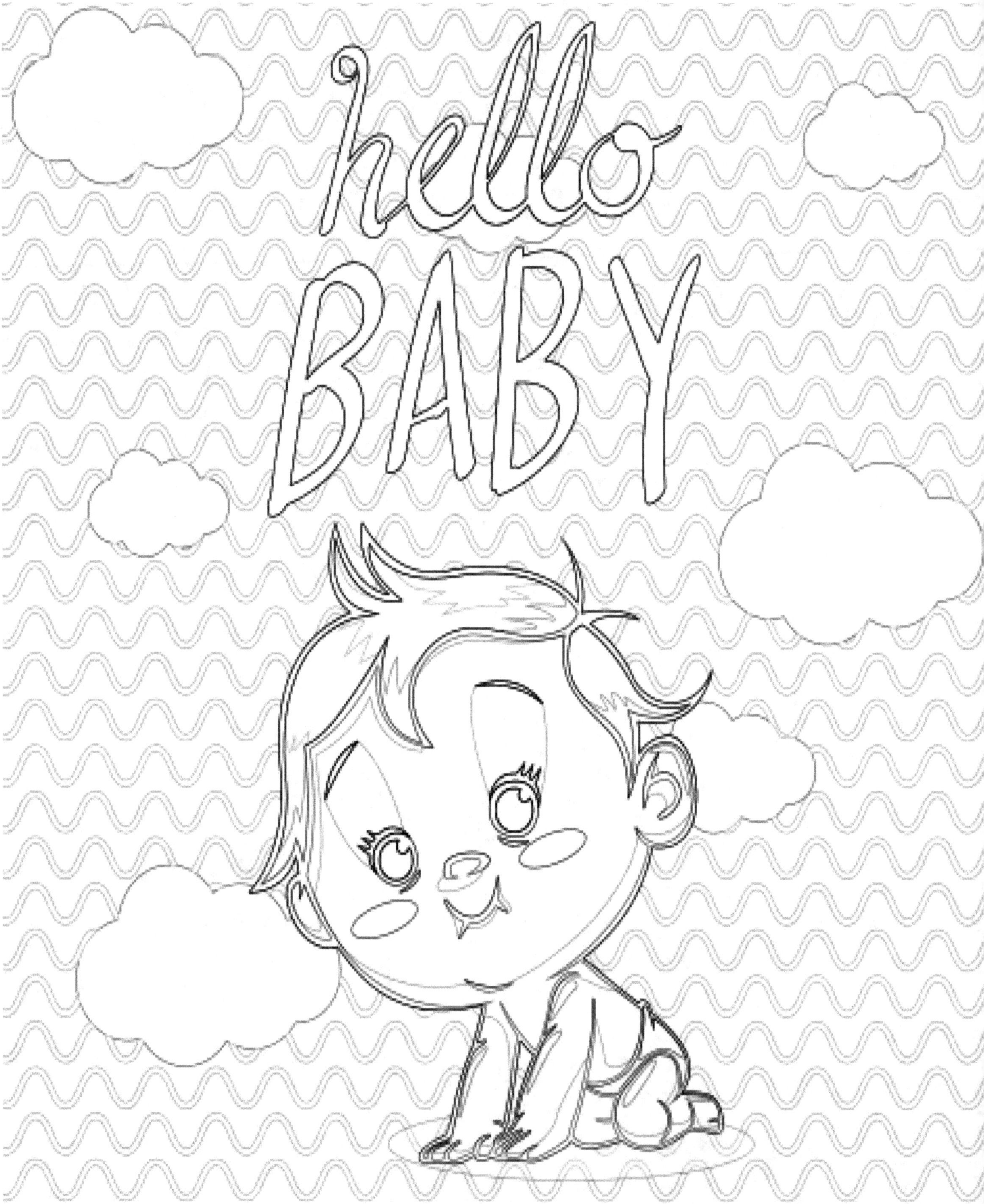
hello
BABY

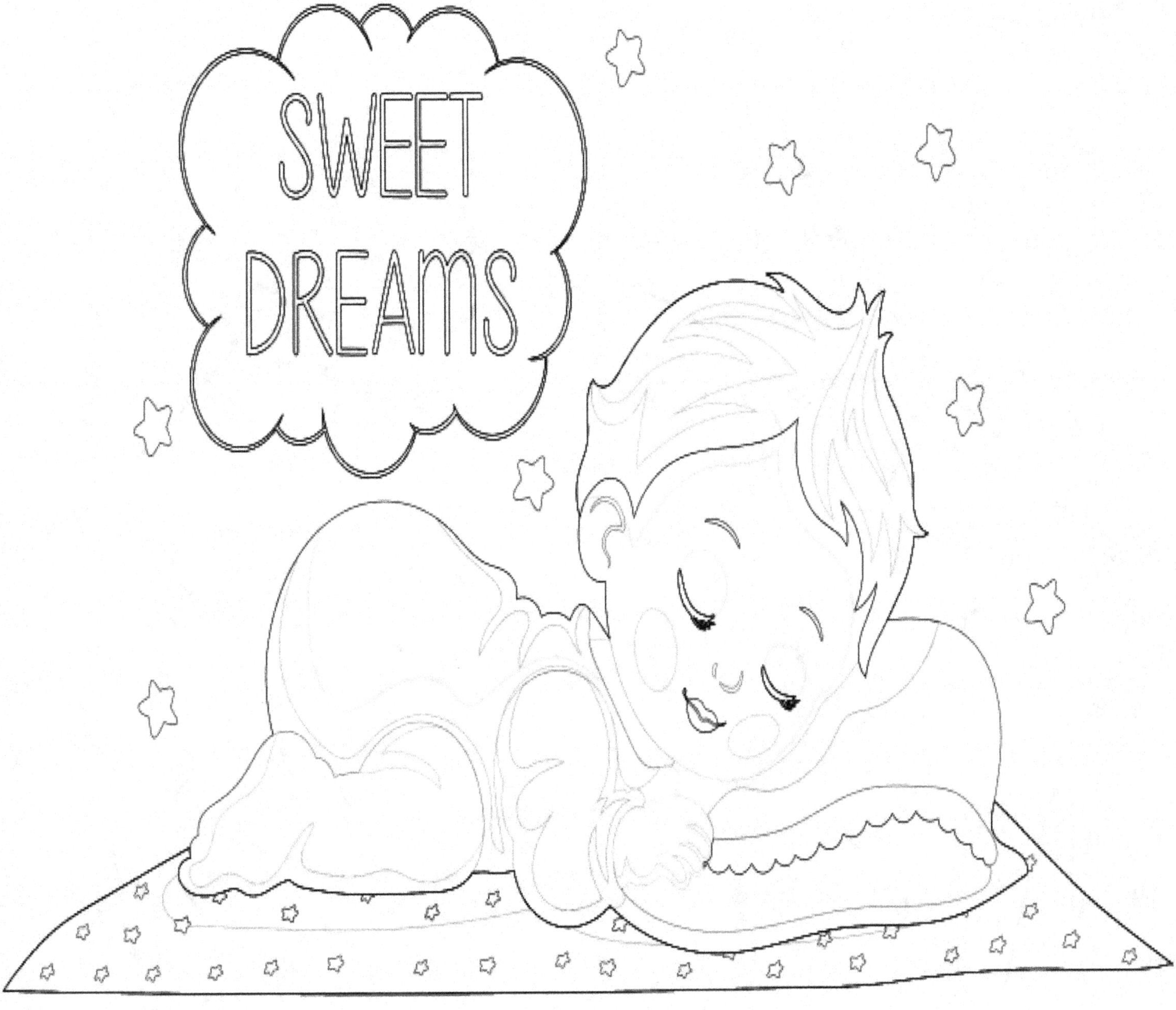
SWEET
DREAMS

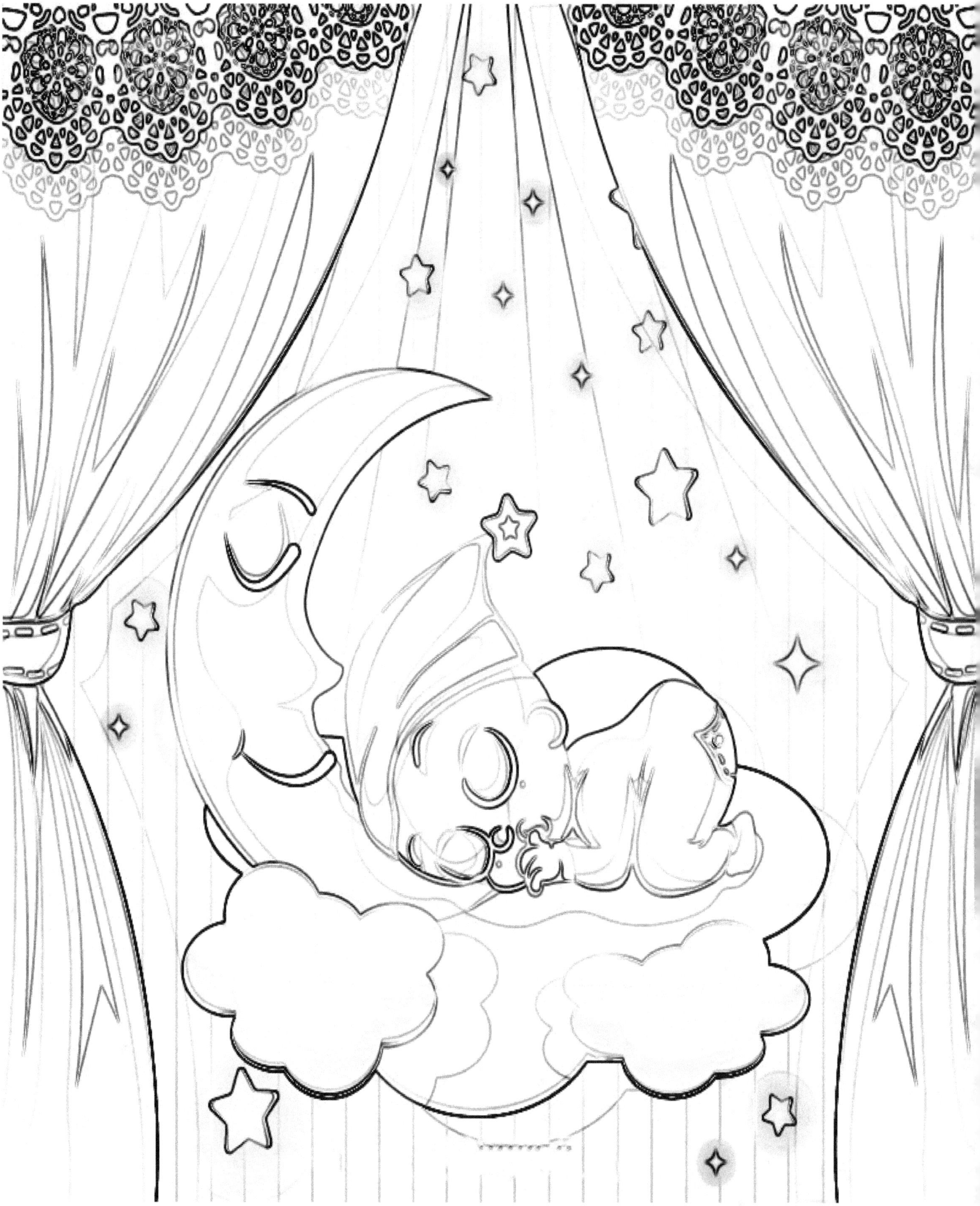

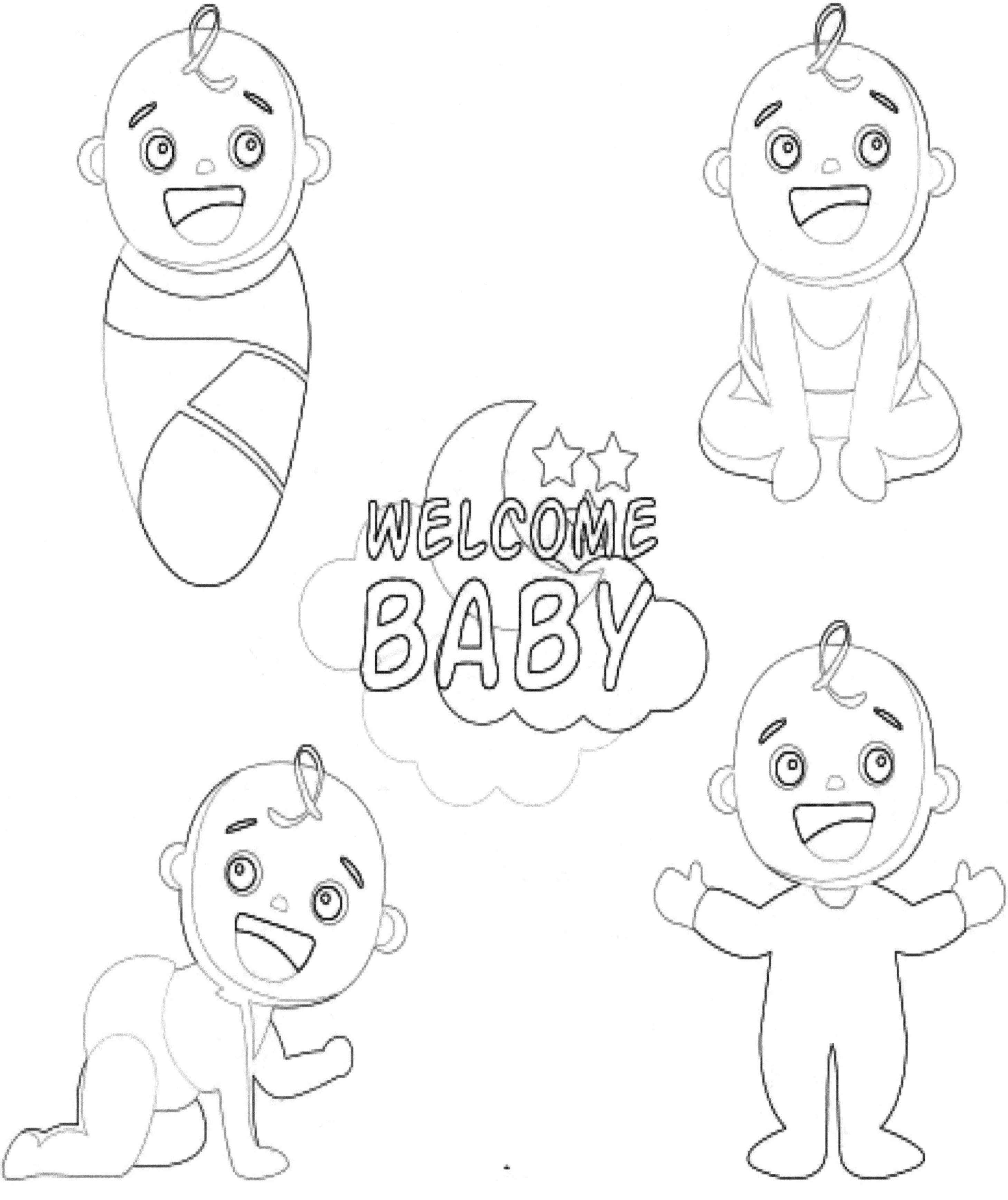
WELCOME
BABY

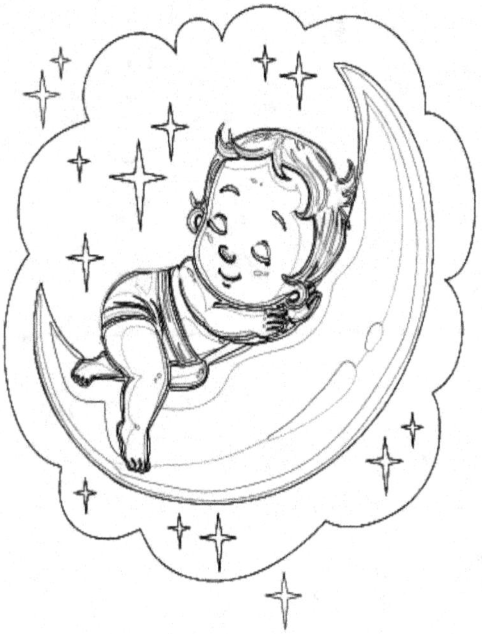

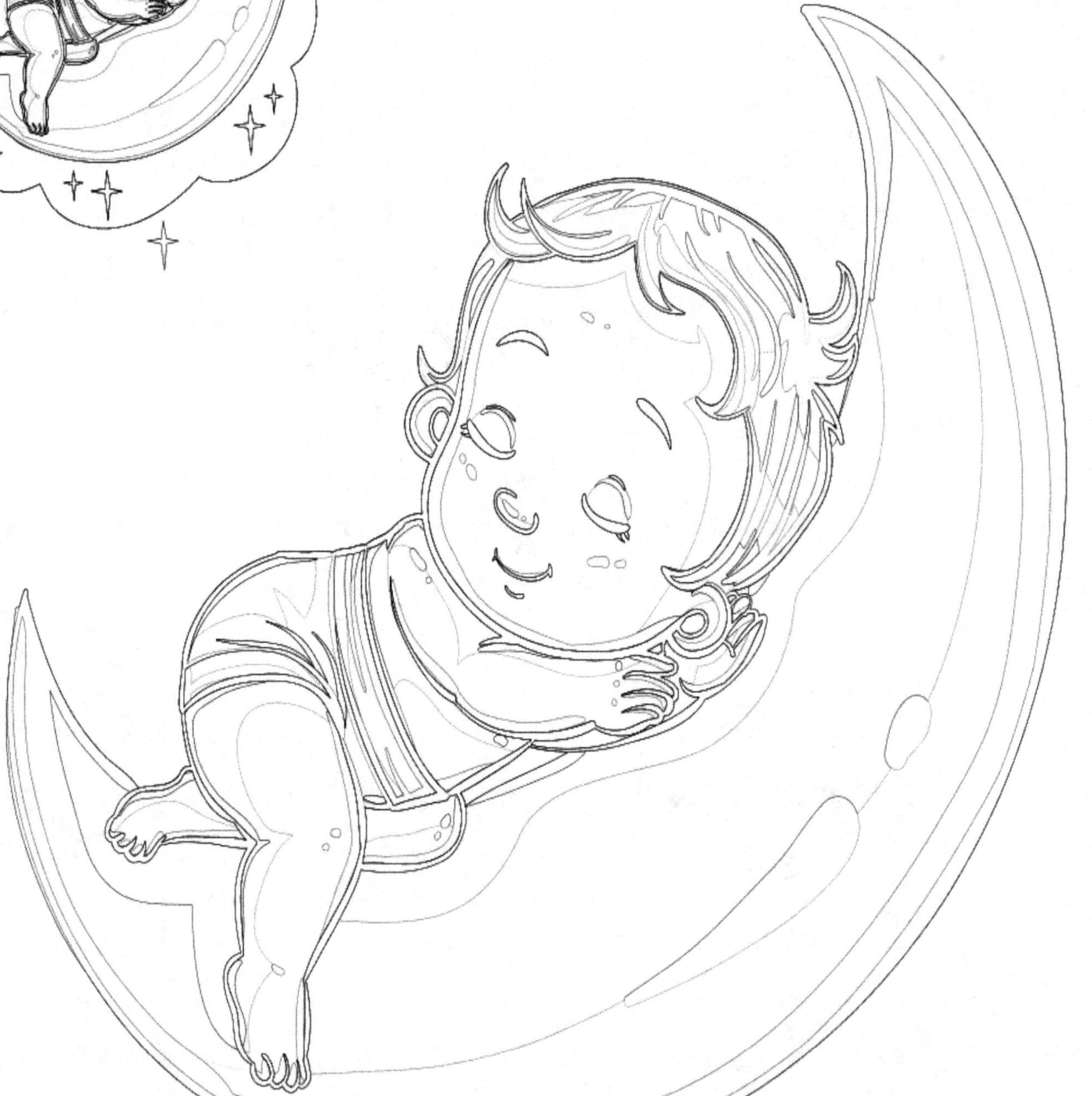

Baby Shower

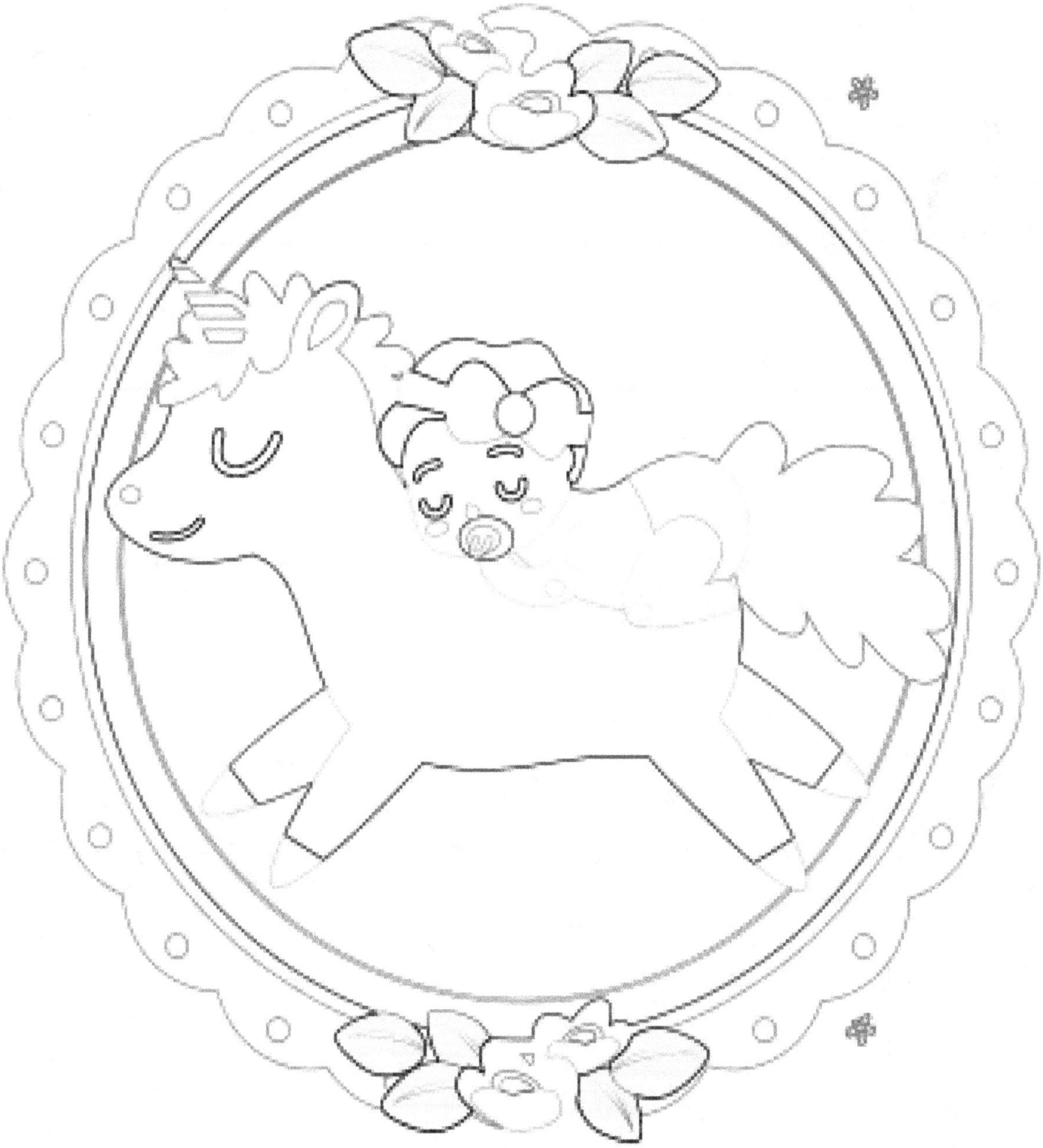

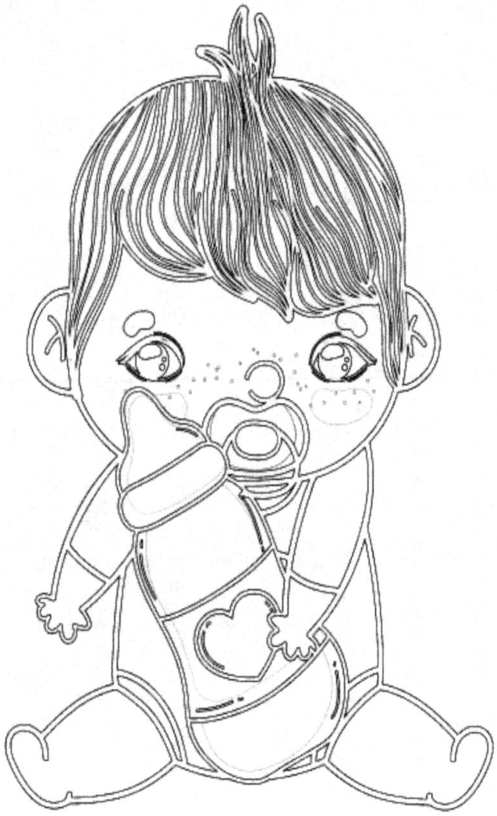
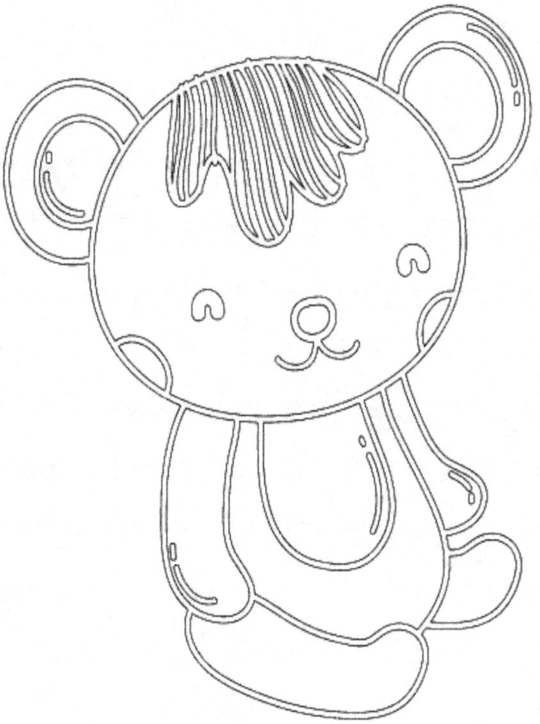
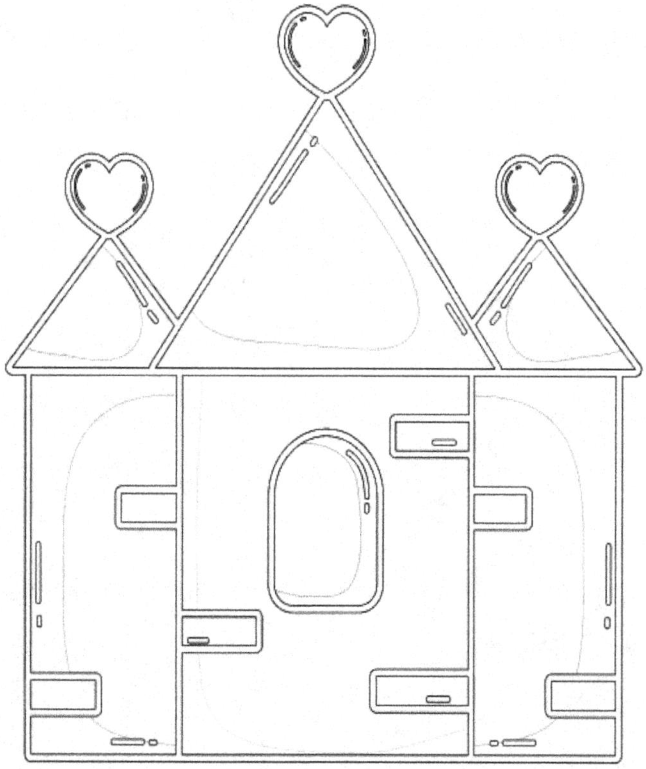
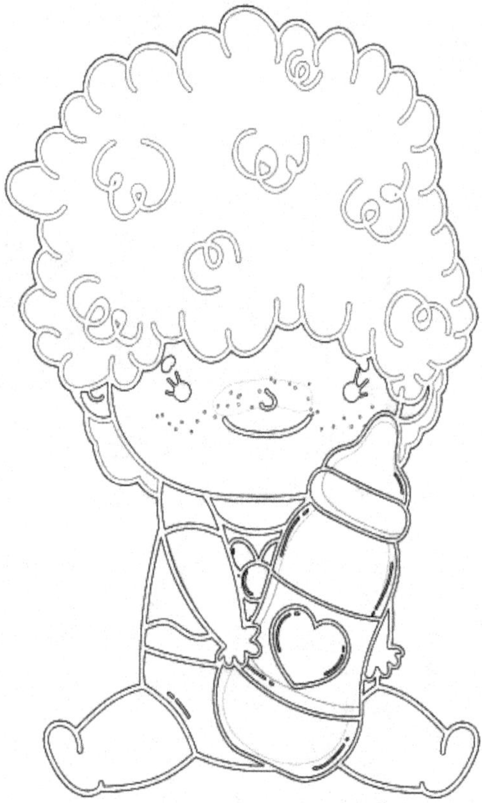

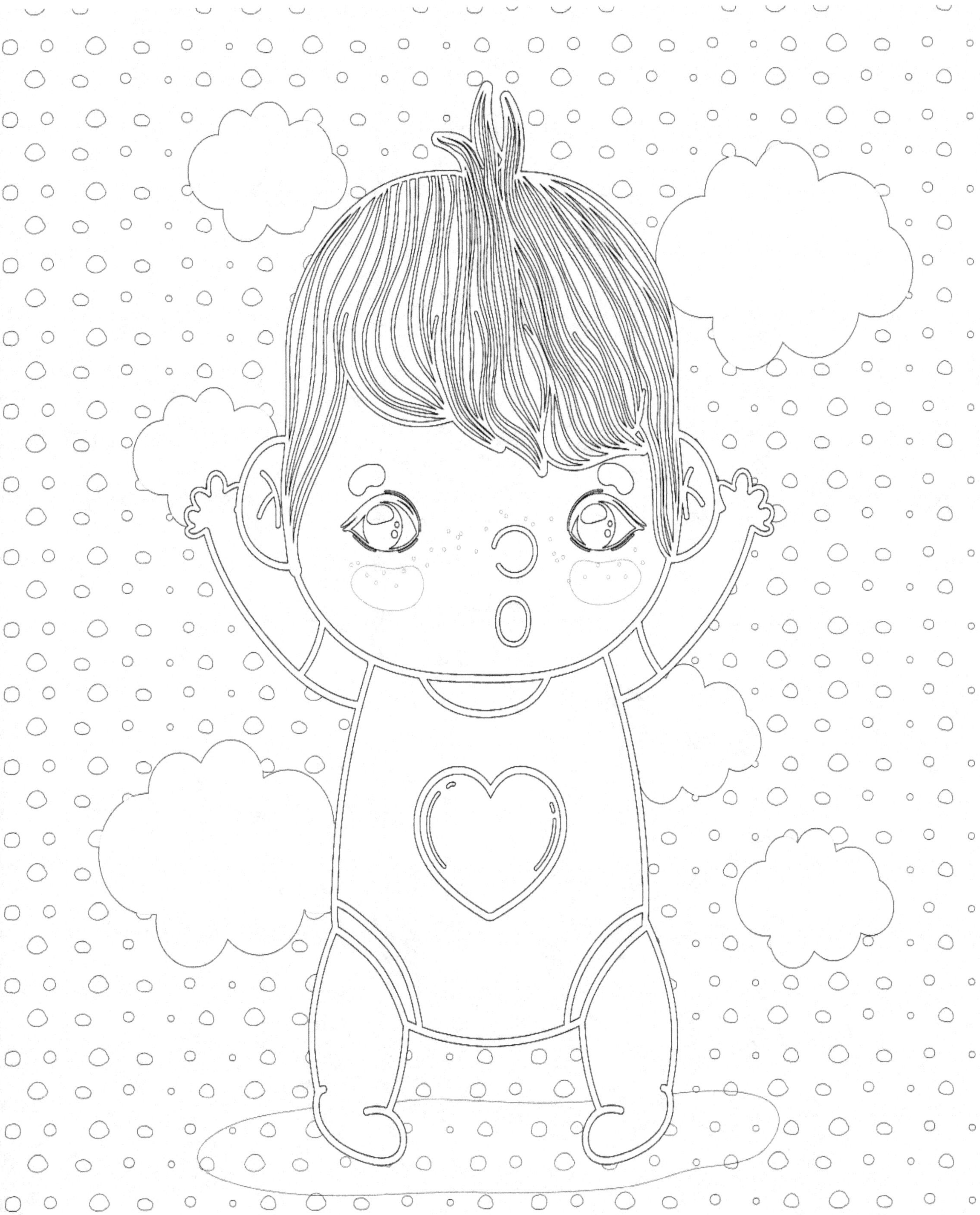

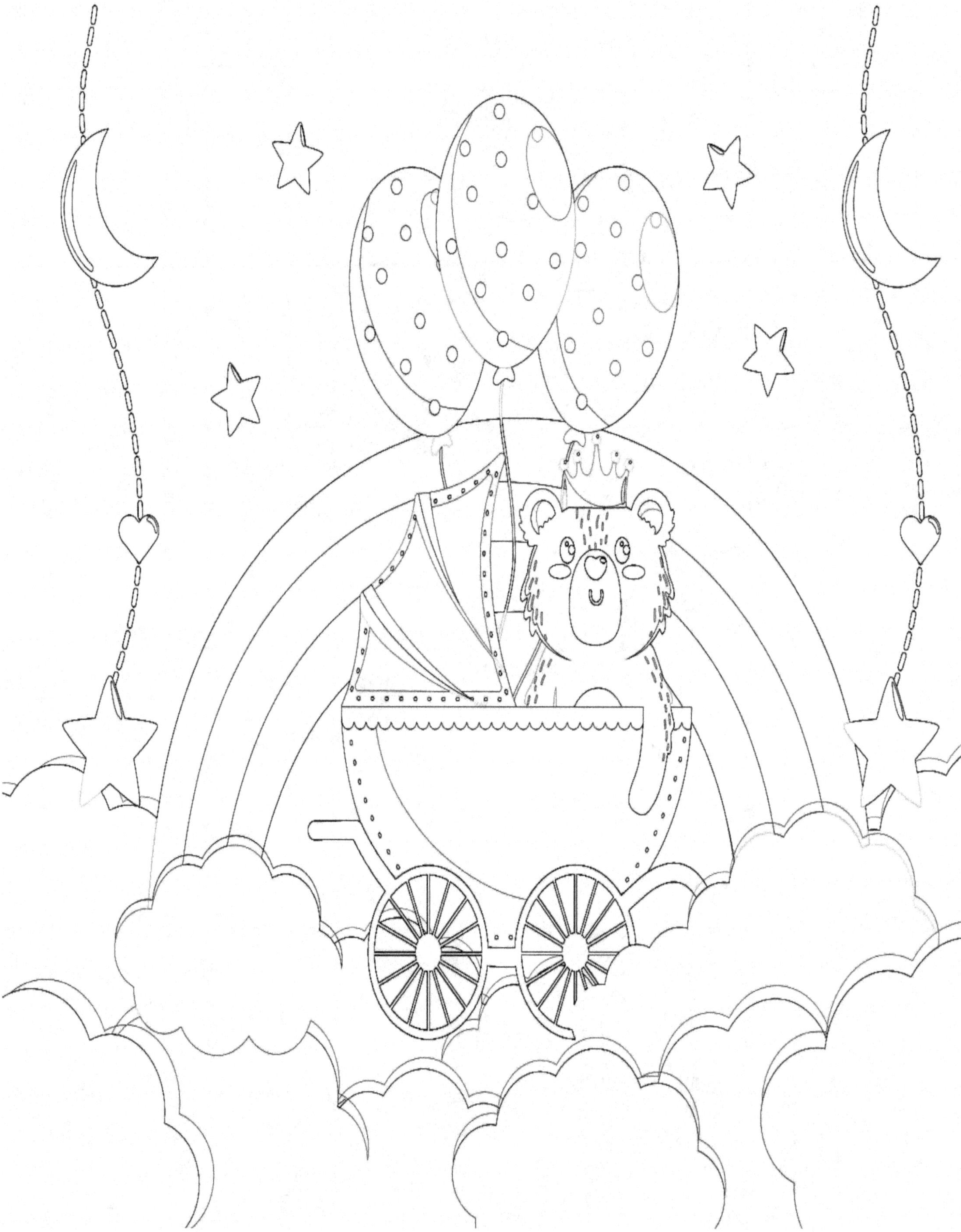

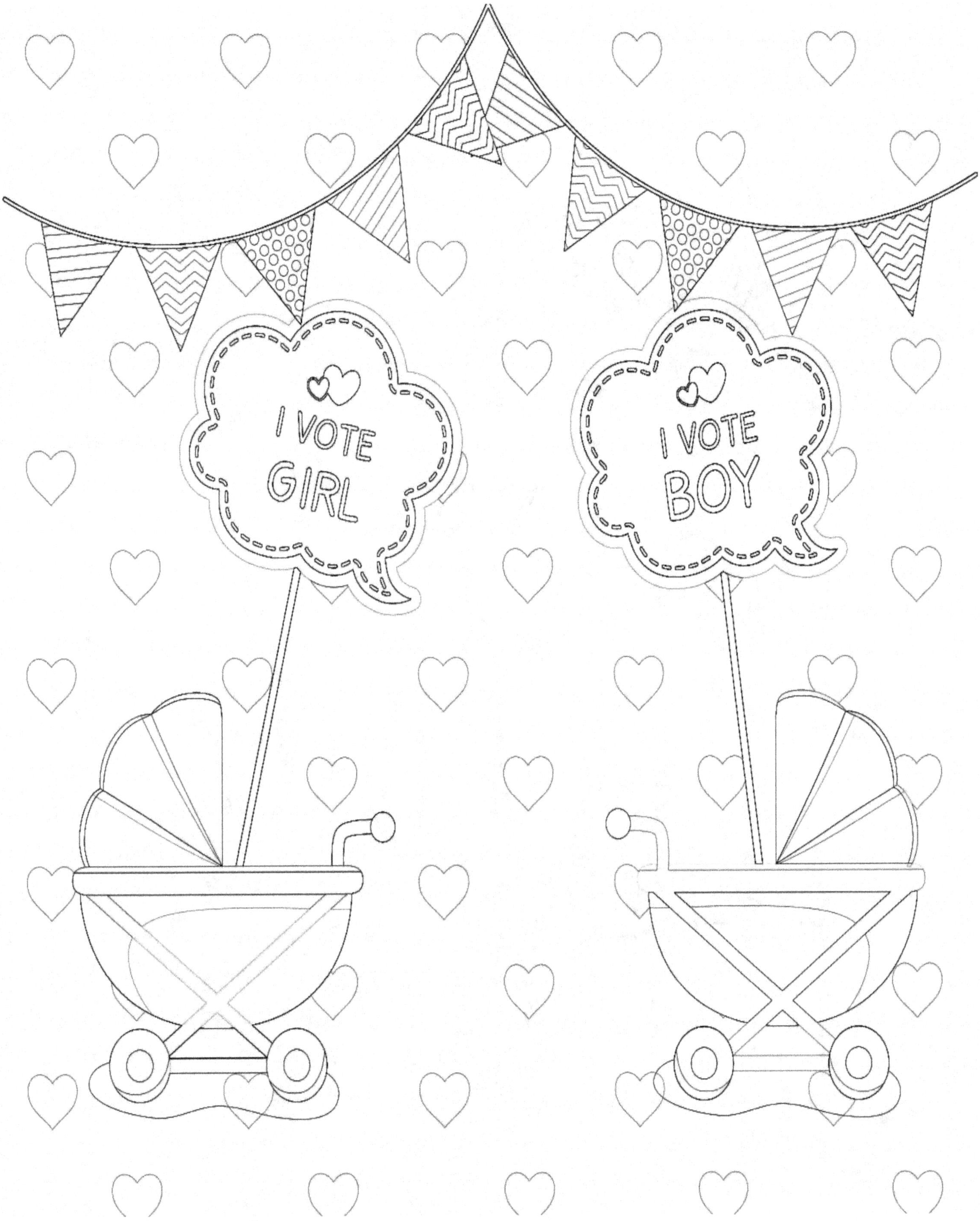
I VOTE GIRL
I VOTE BOY

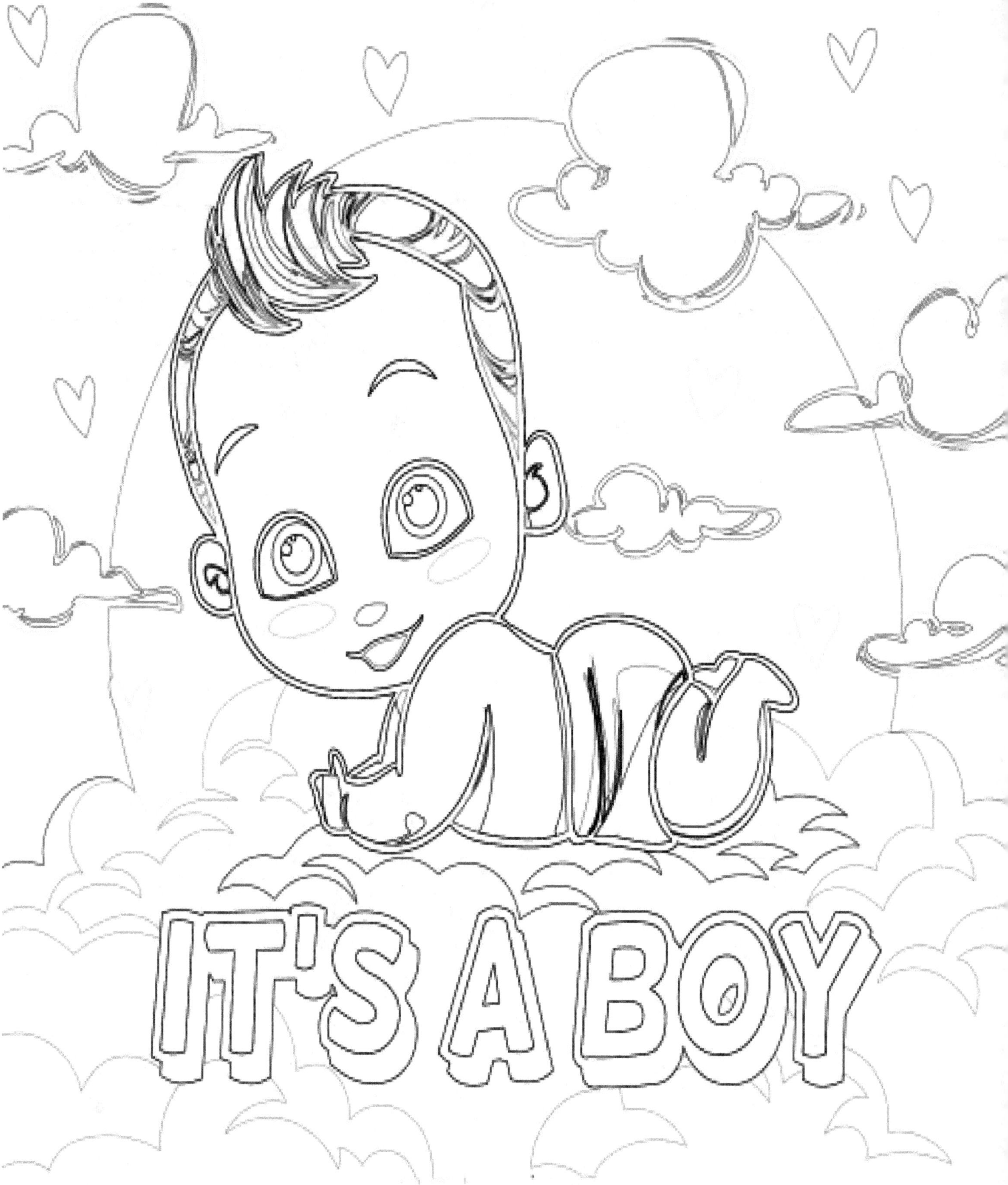
IT'S A BOY

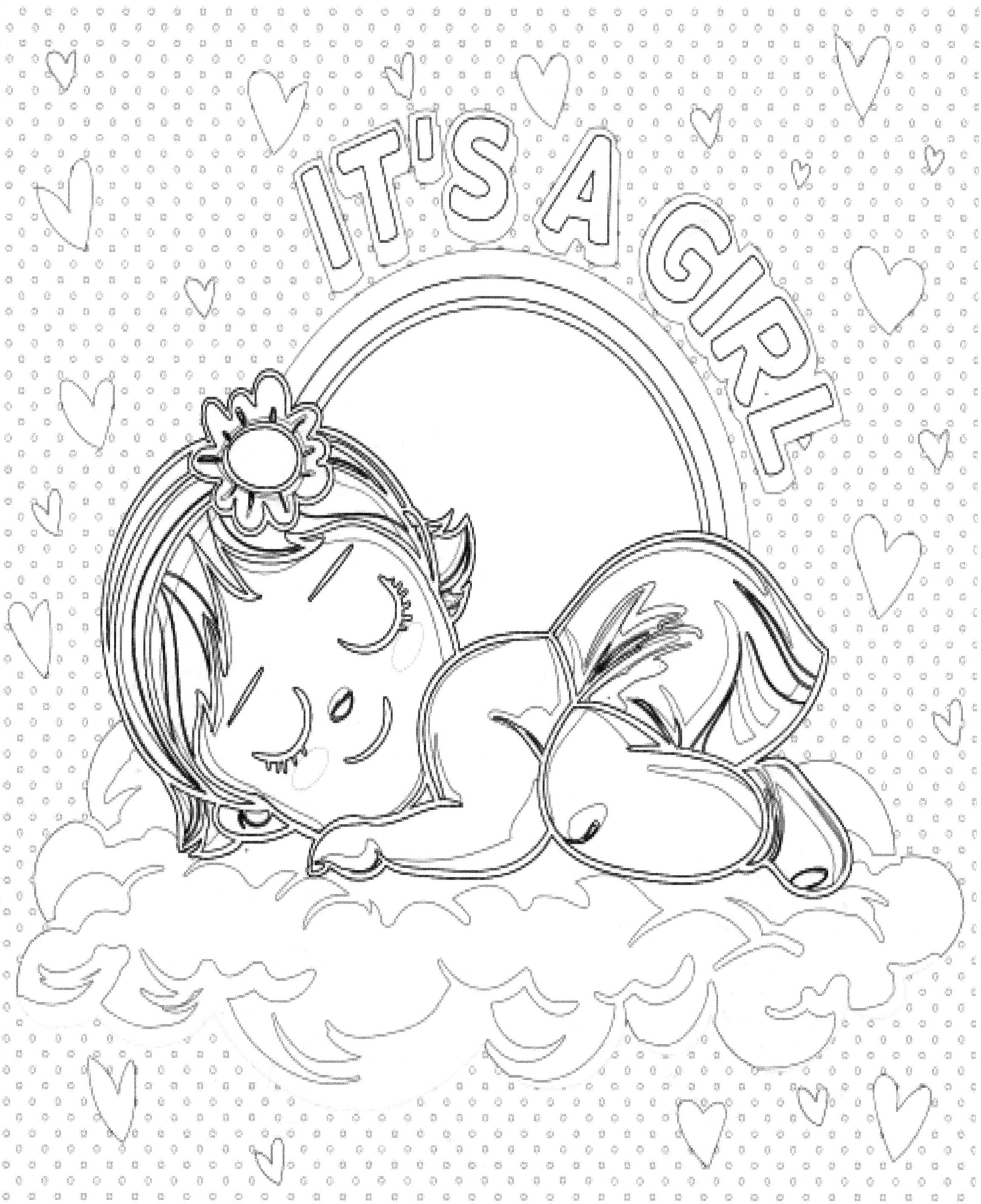
IT'S A GIRL

WELCOME BABY!

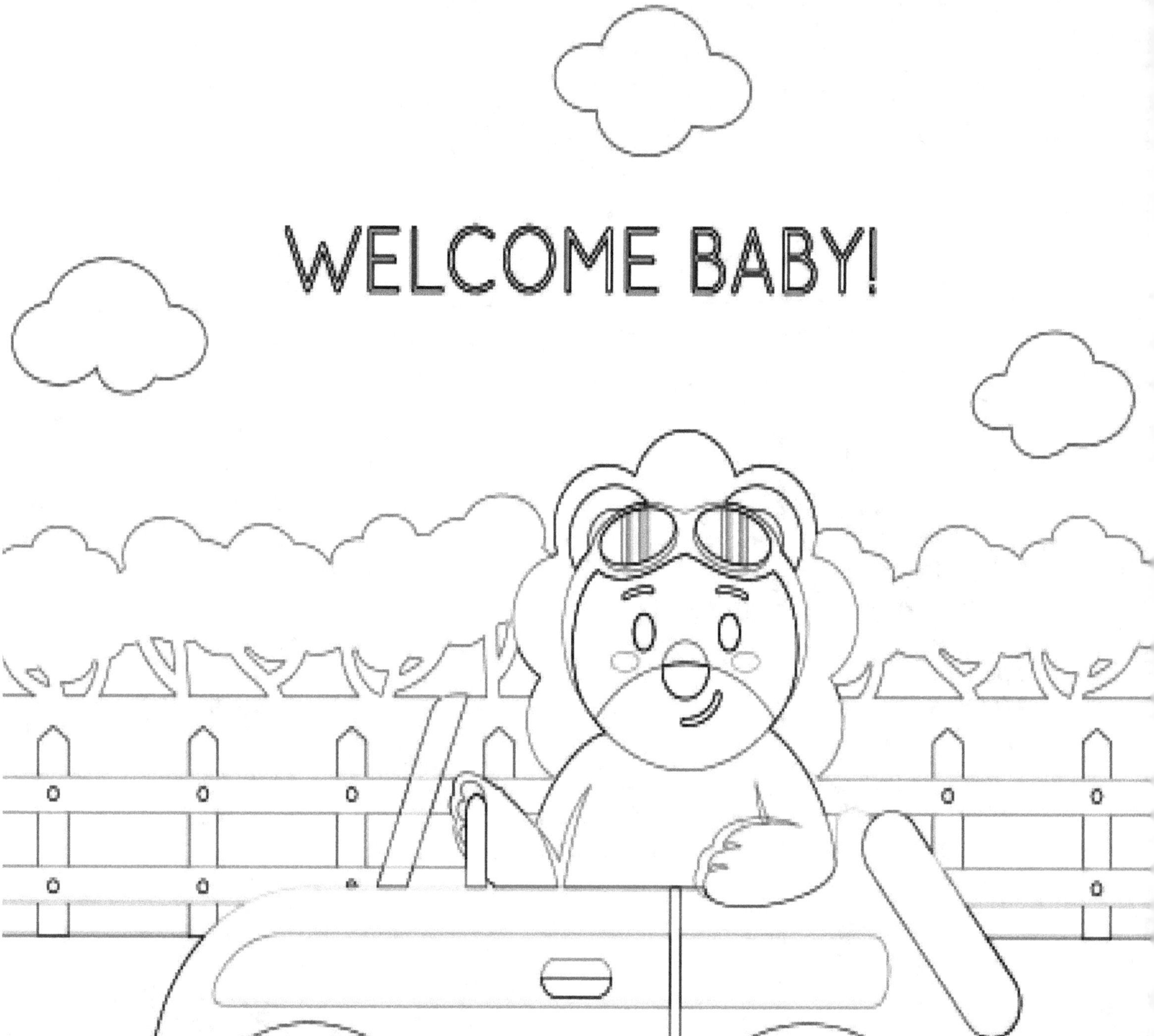

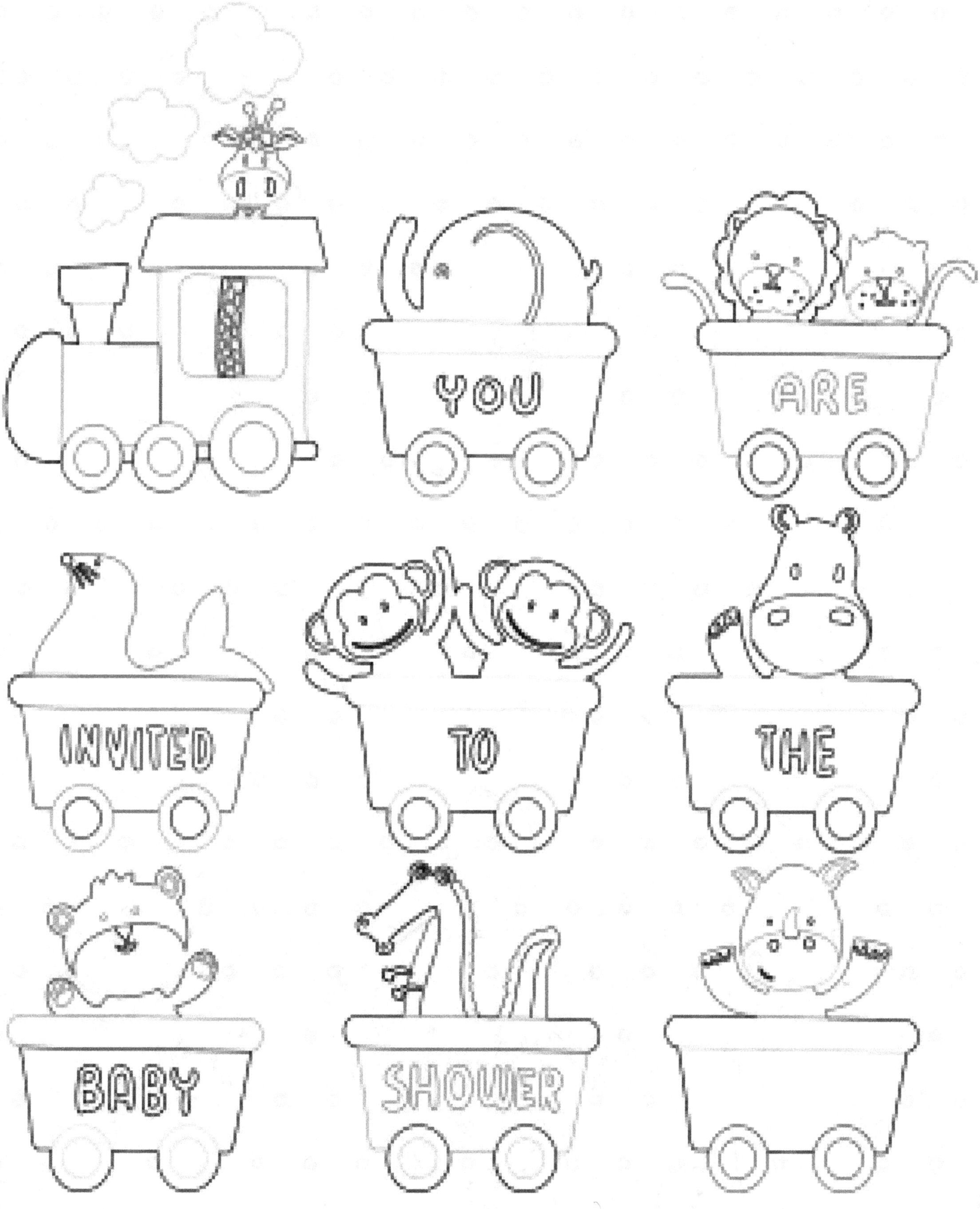
YOU
ARE
INVITED
TO
THE
BABY
SHOWER

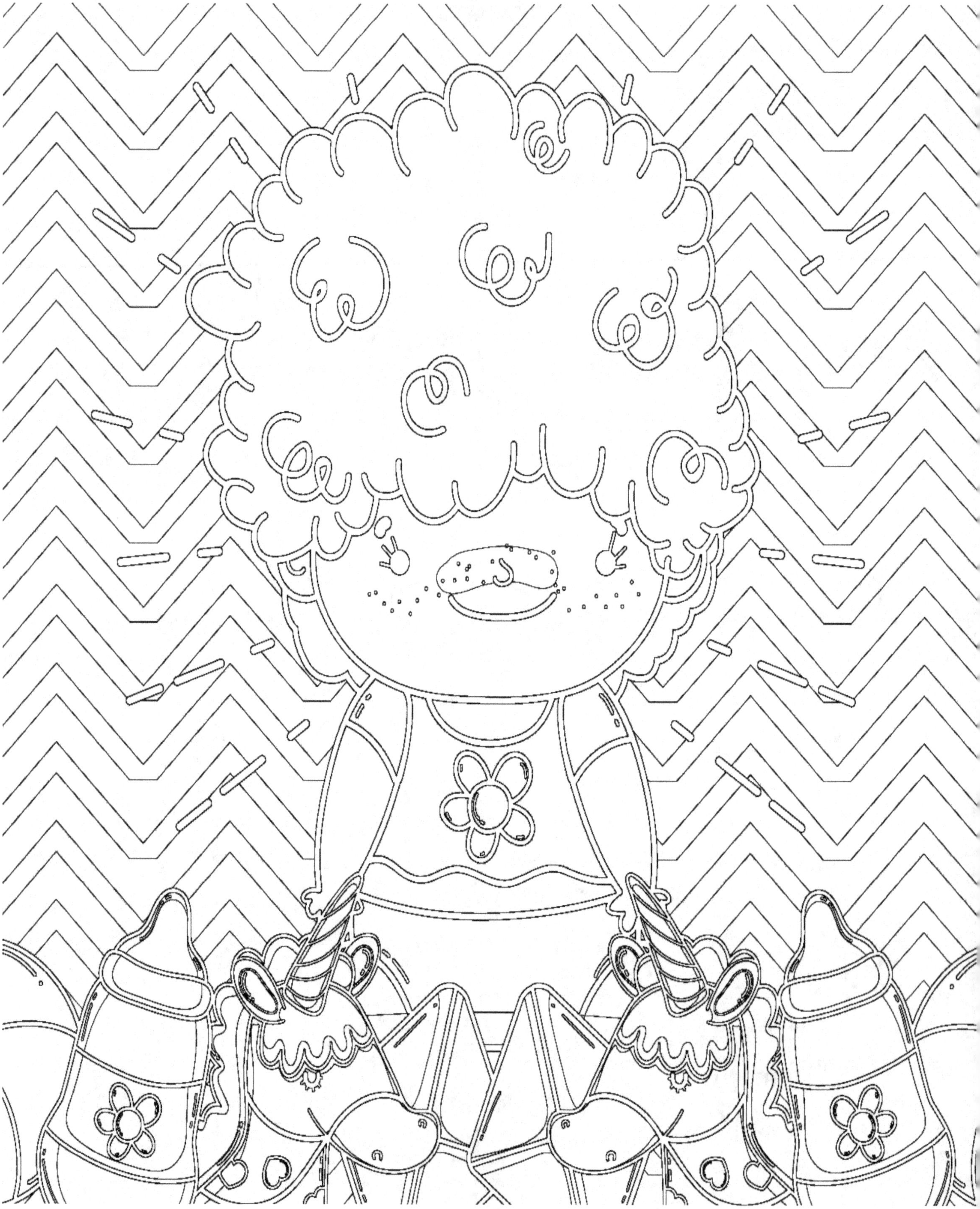

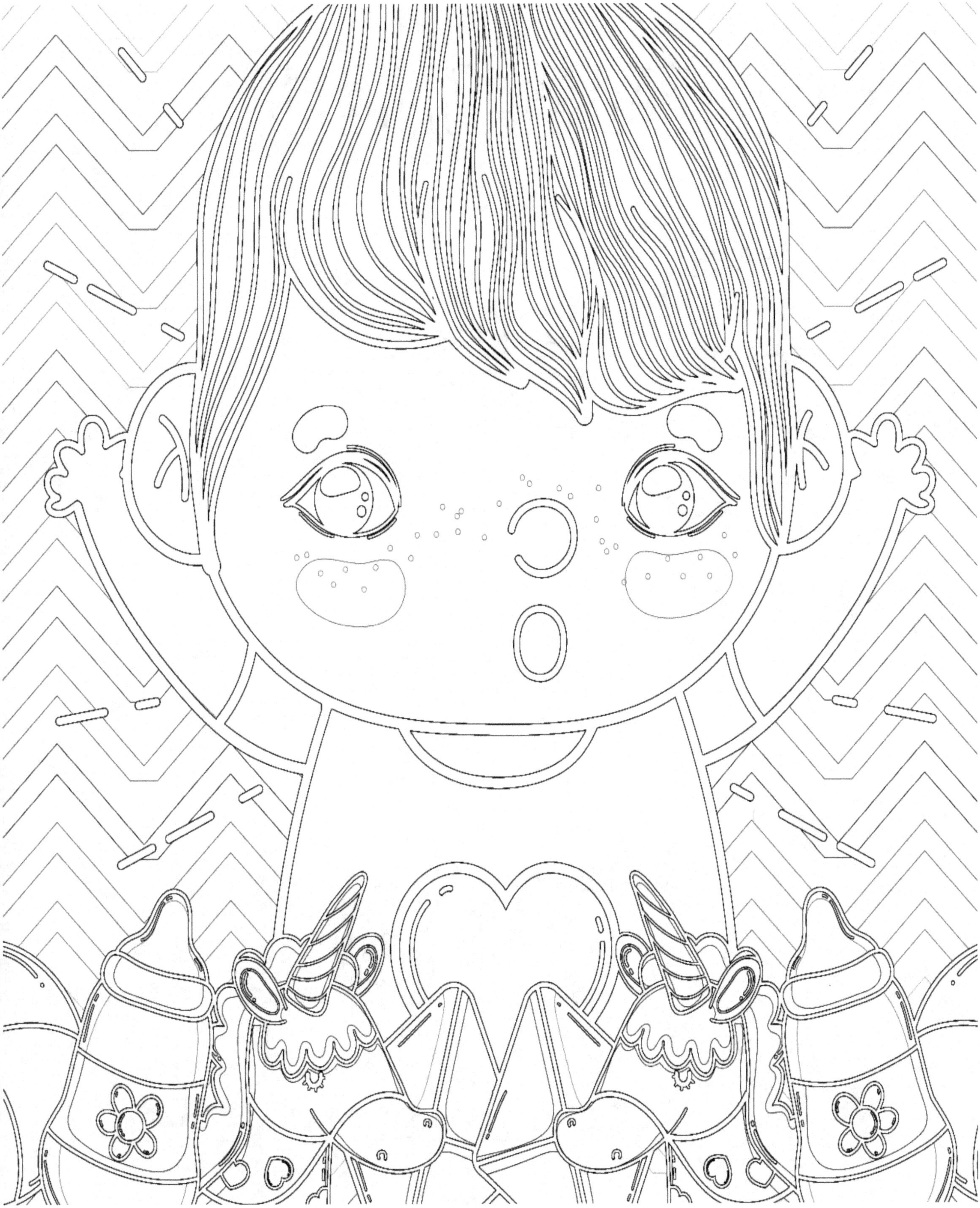

BABY ELEMENTS

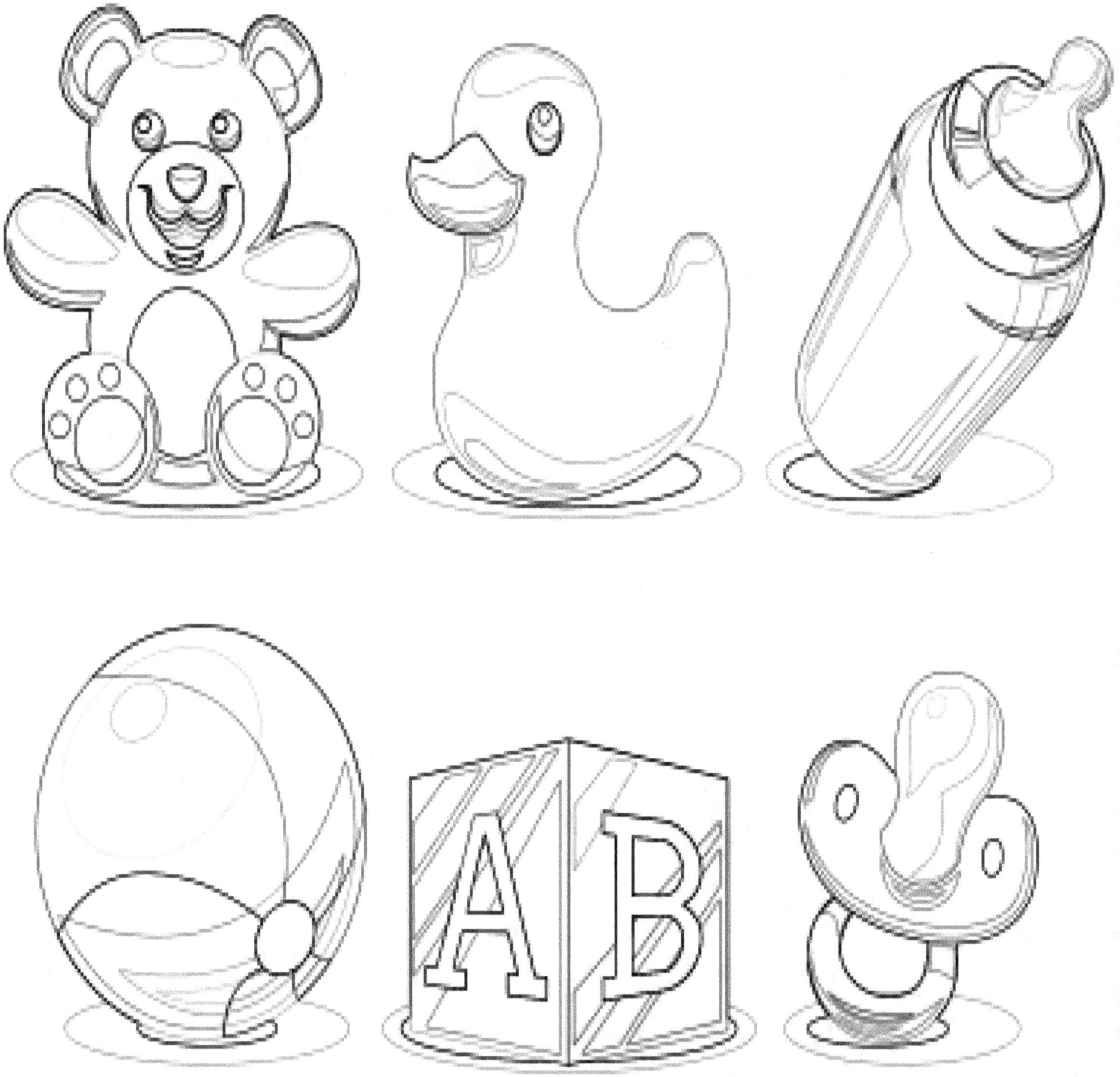

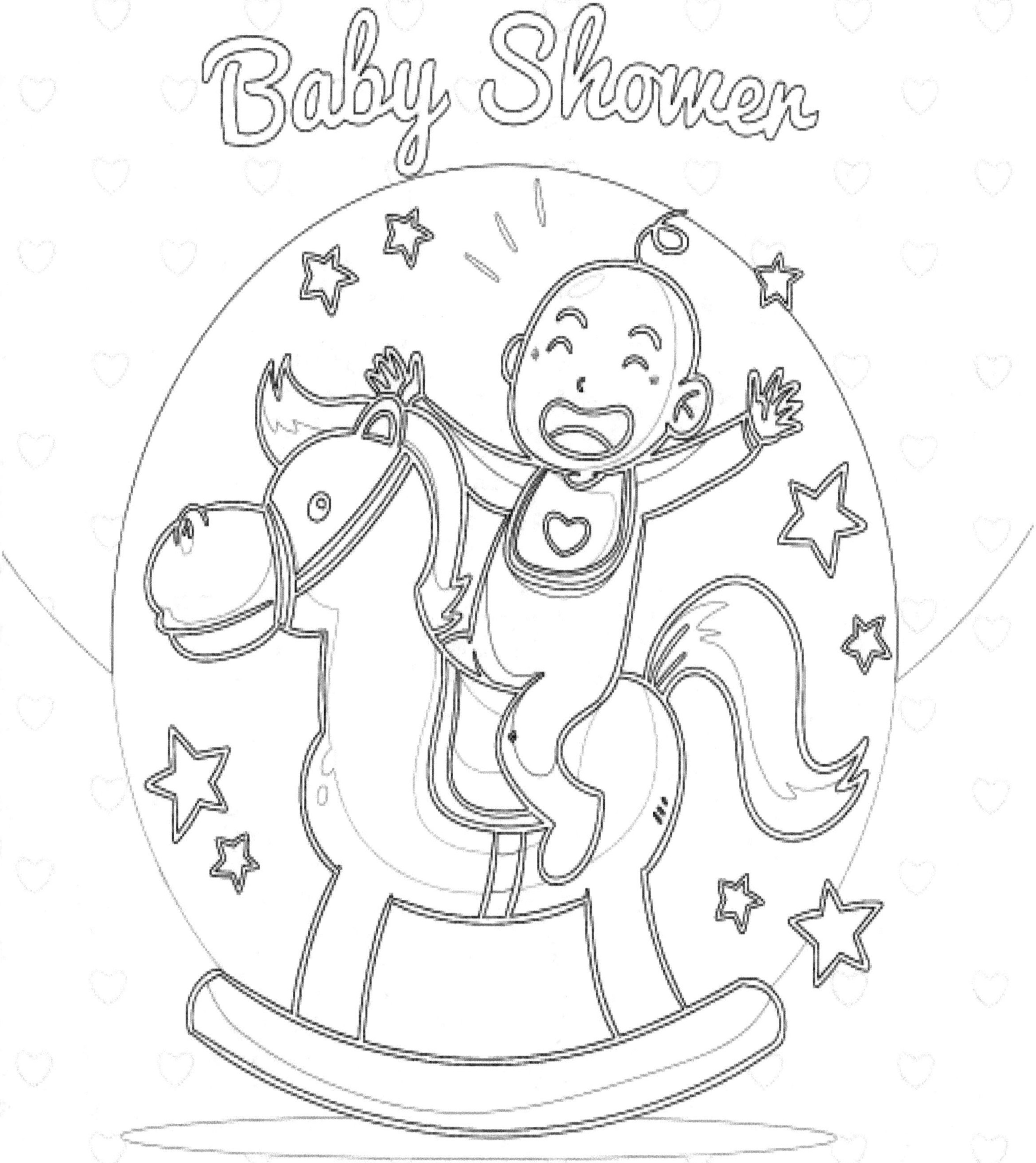
Baby Shower

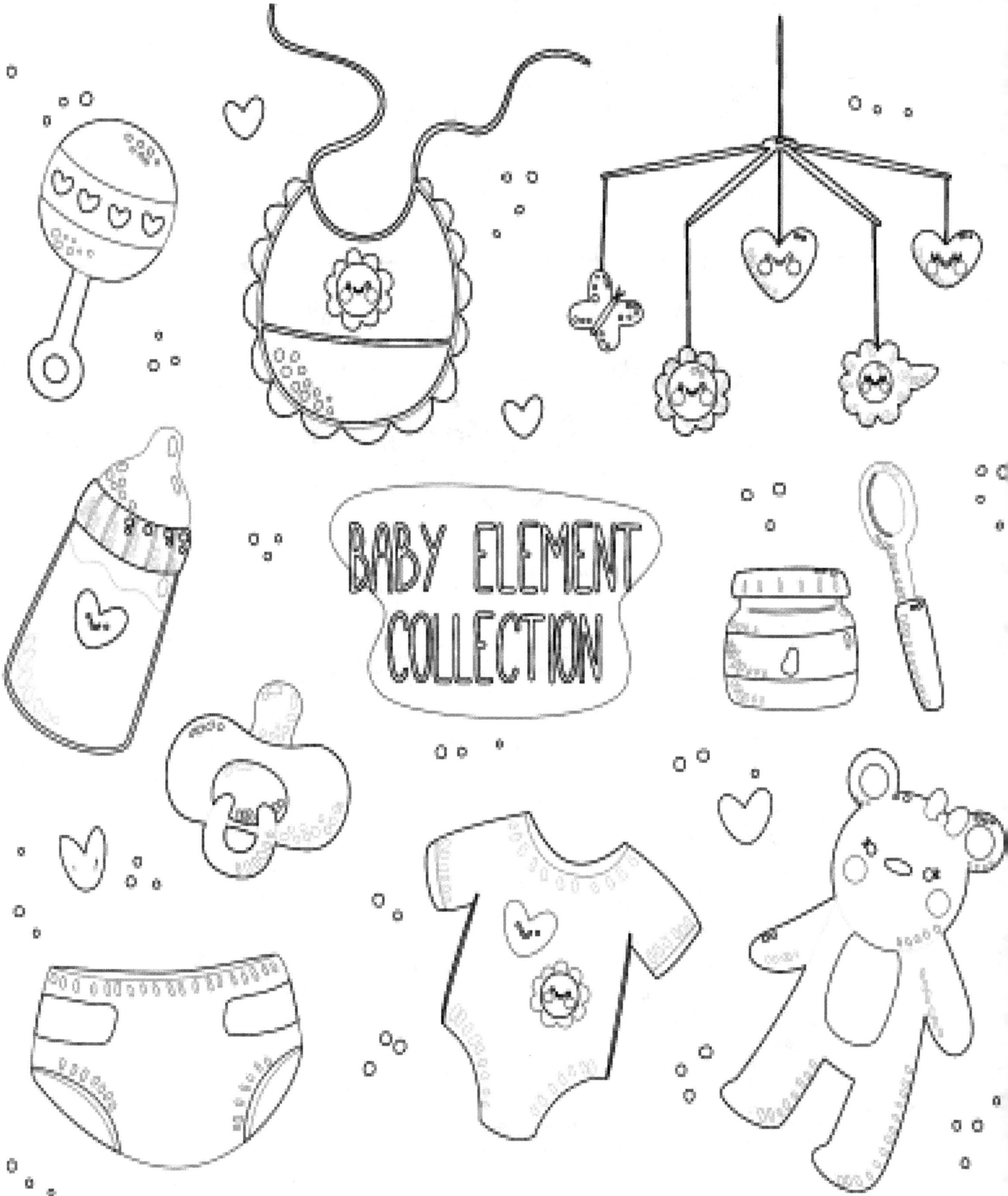
BABY ELEMENT
COLLECTION

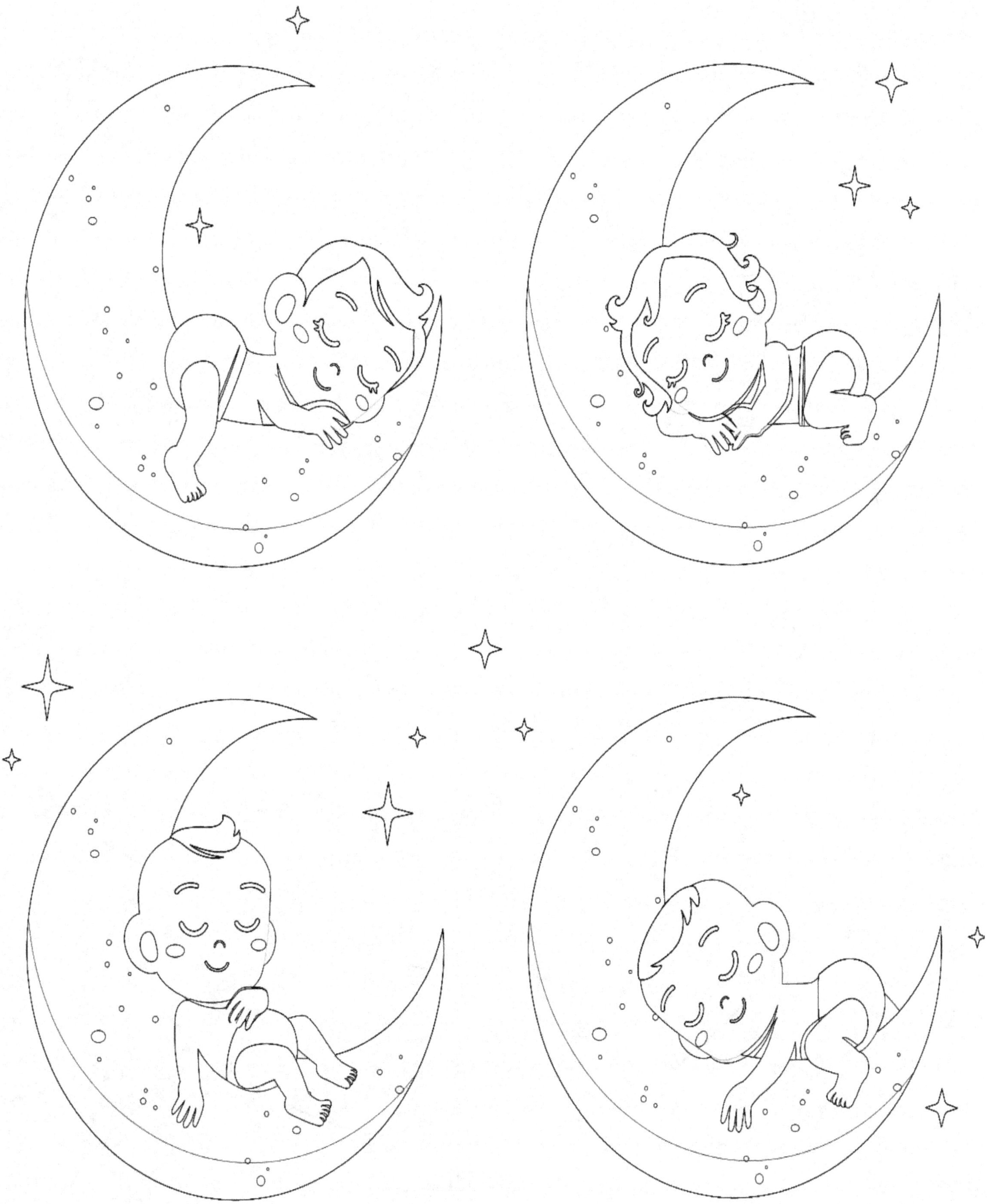

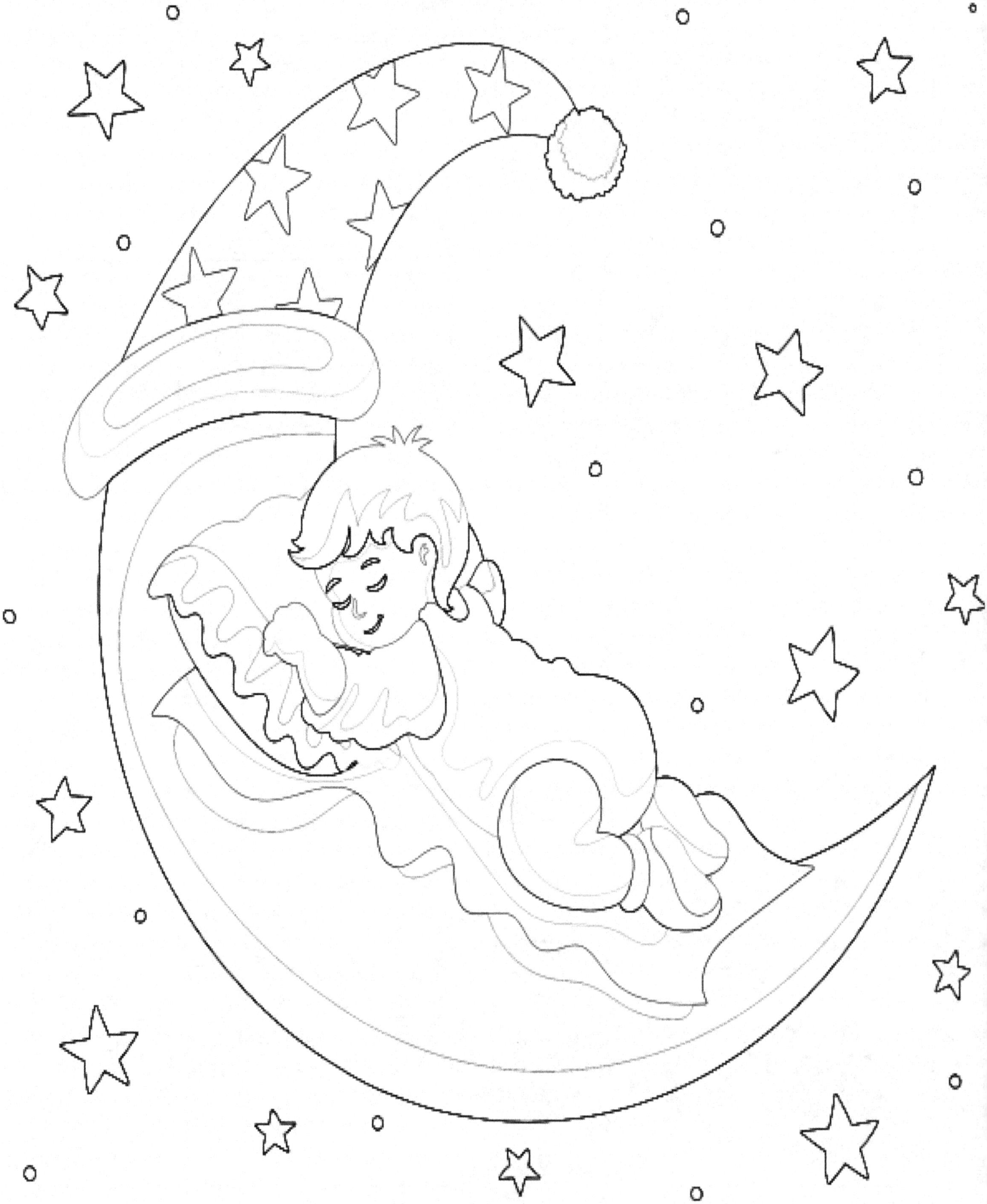

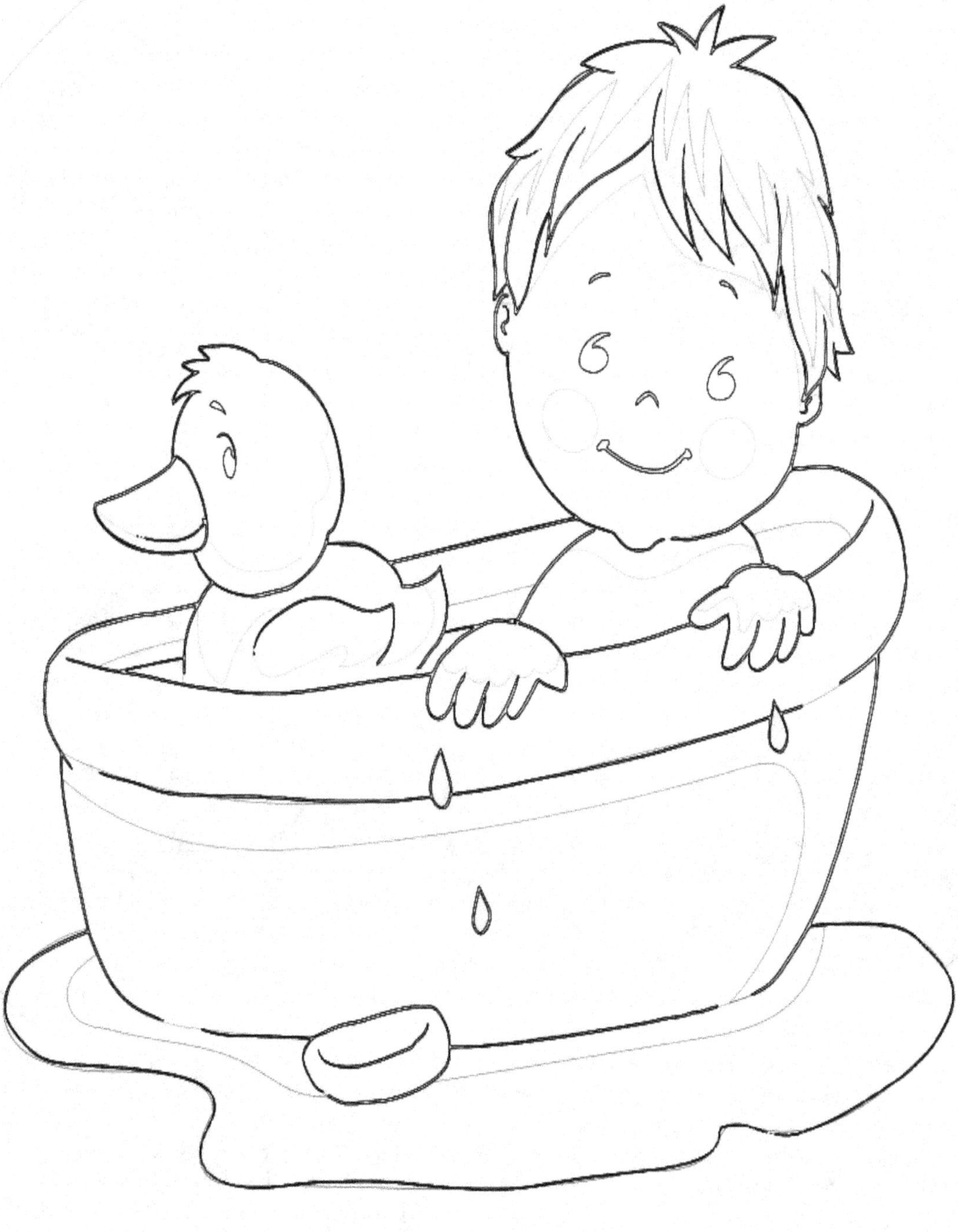

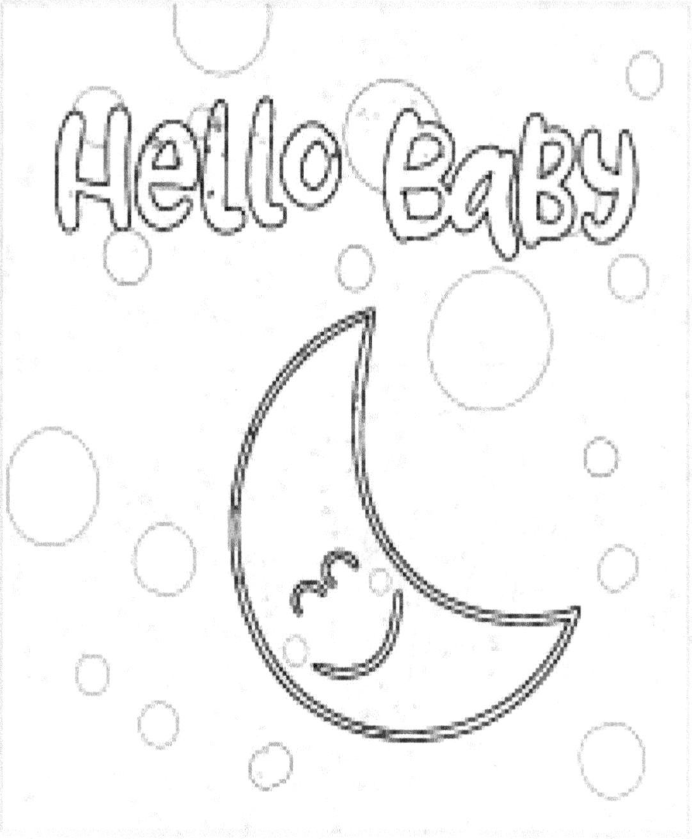
Hello Baby

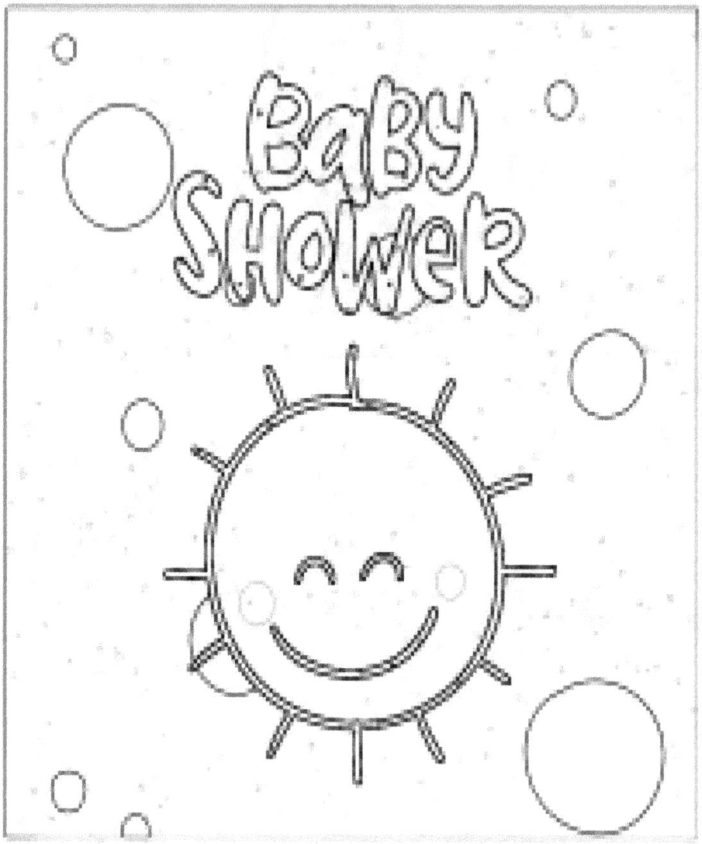
Baby
Shower

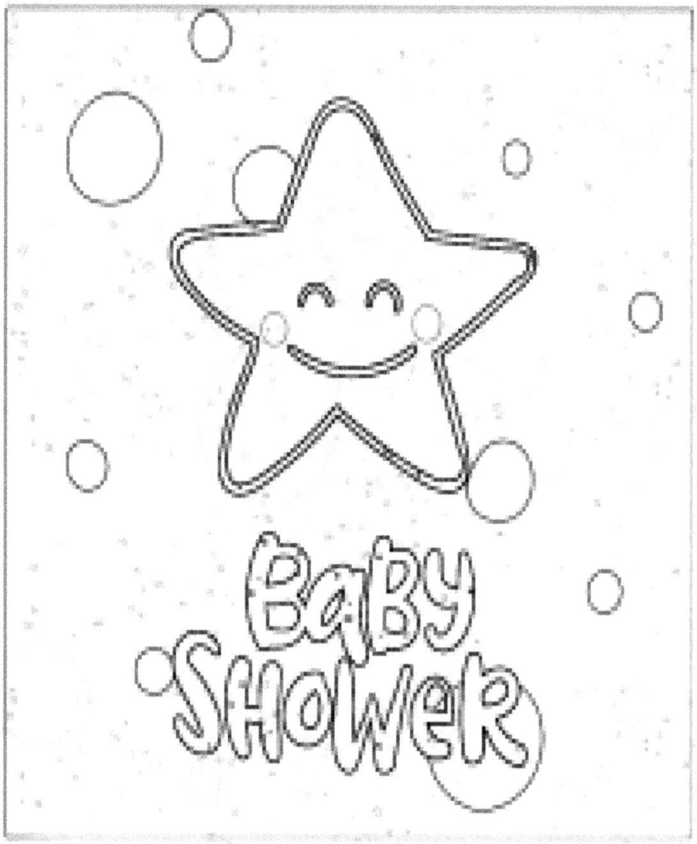
Baby
Shower

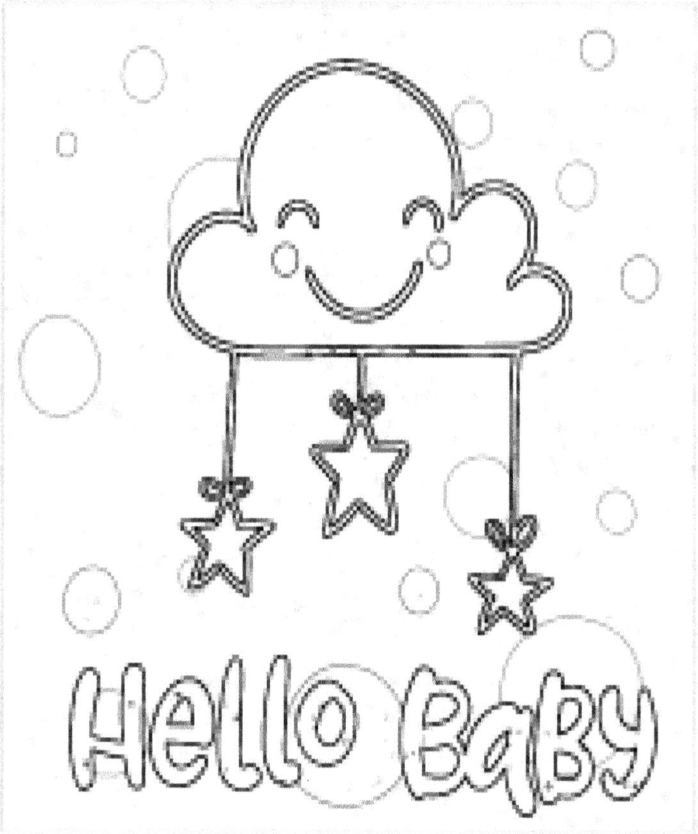
Hello Baby

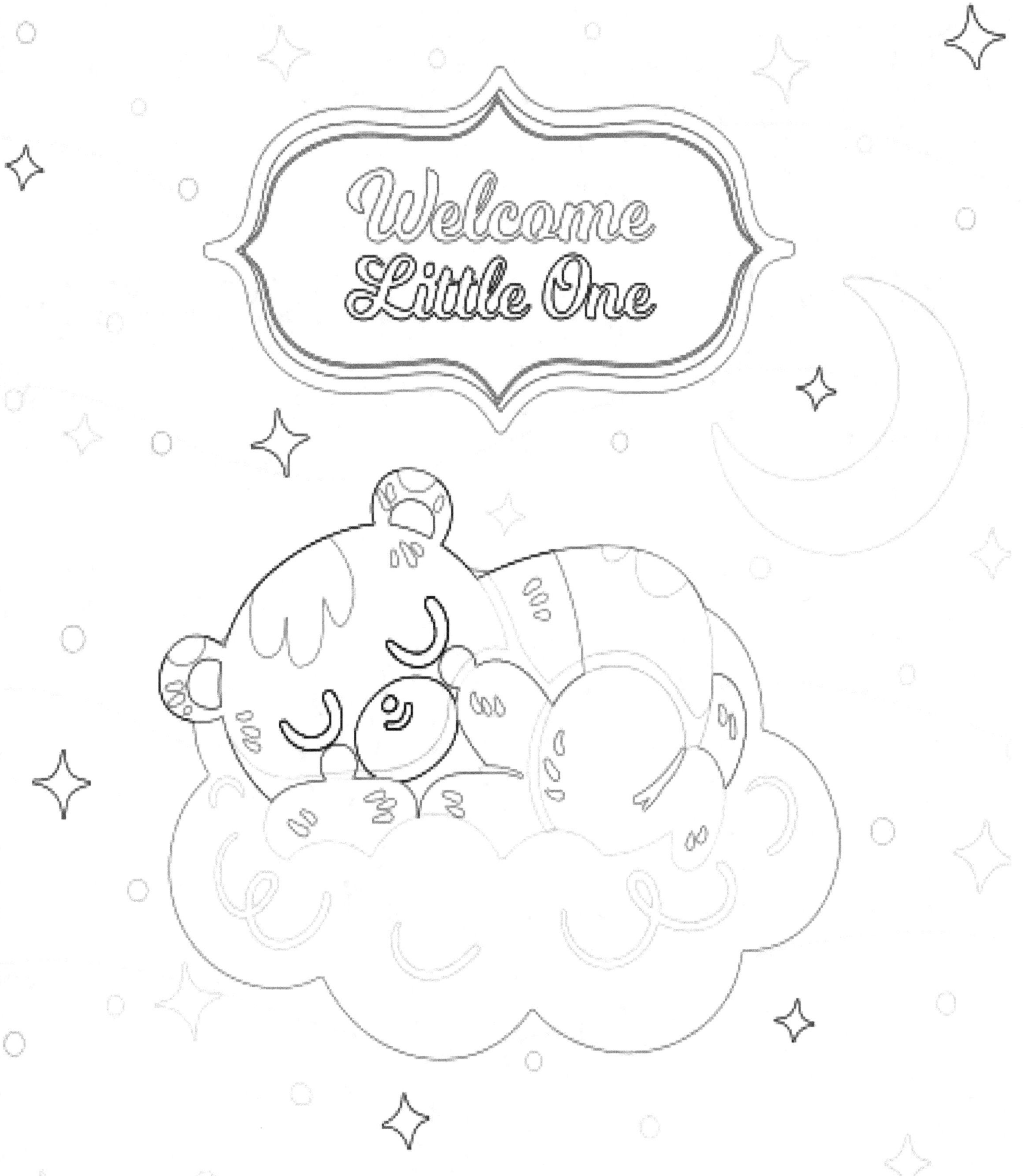
Welcome
Little One

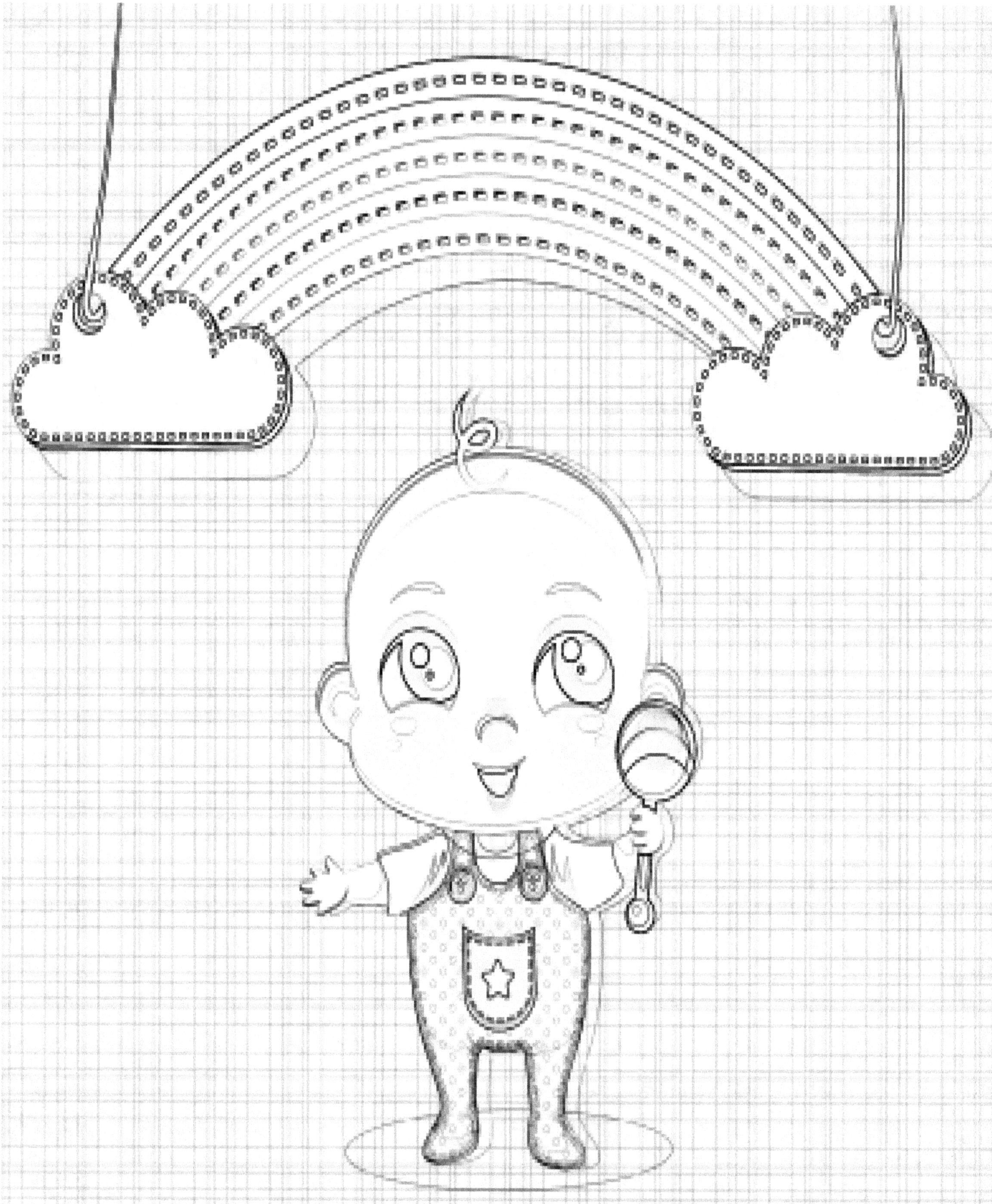

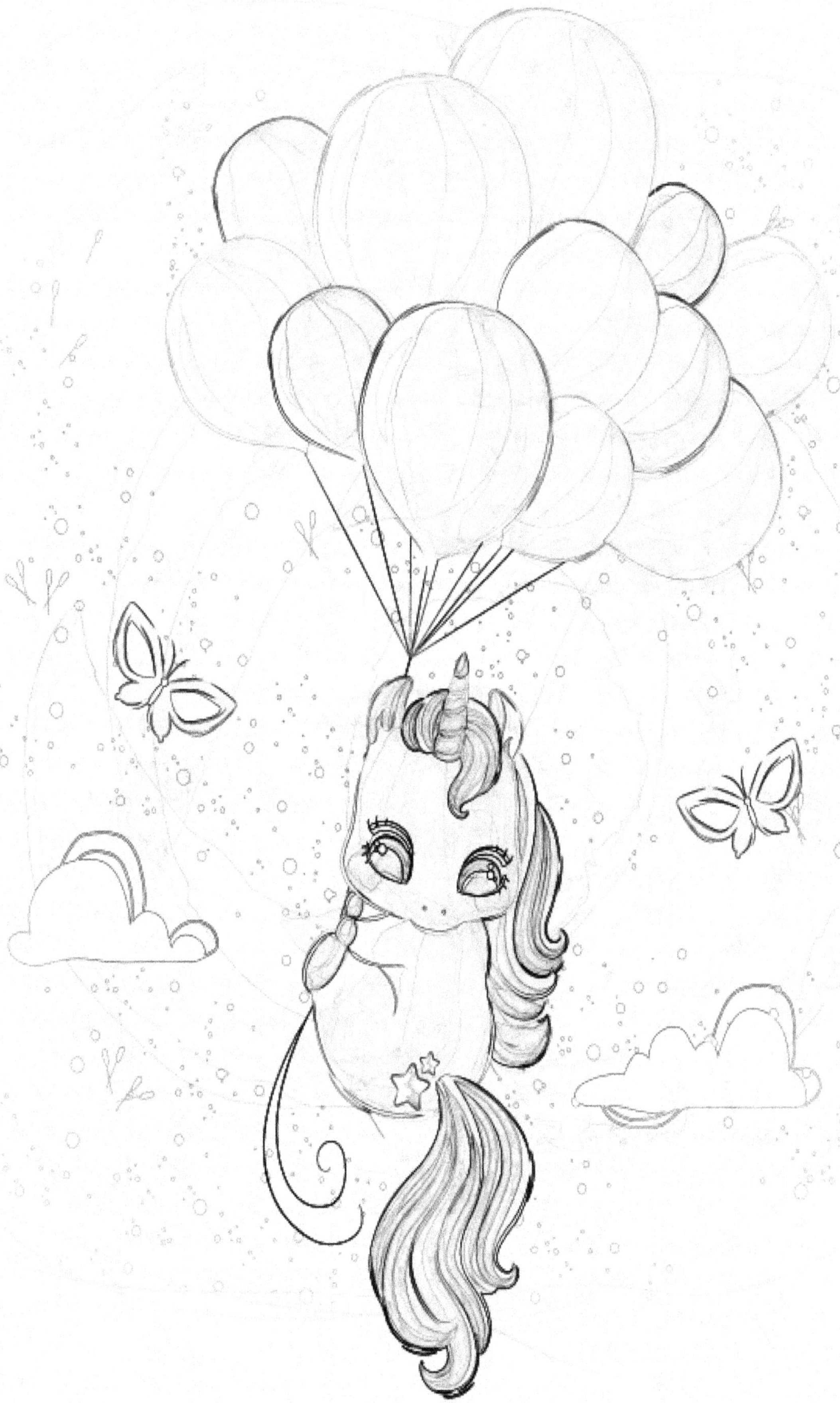

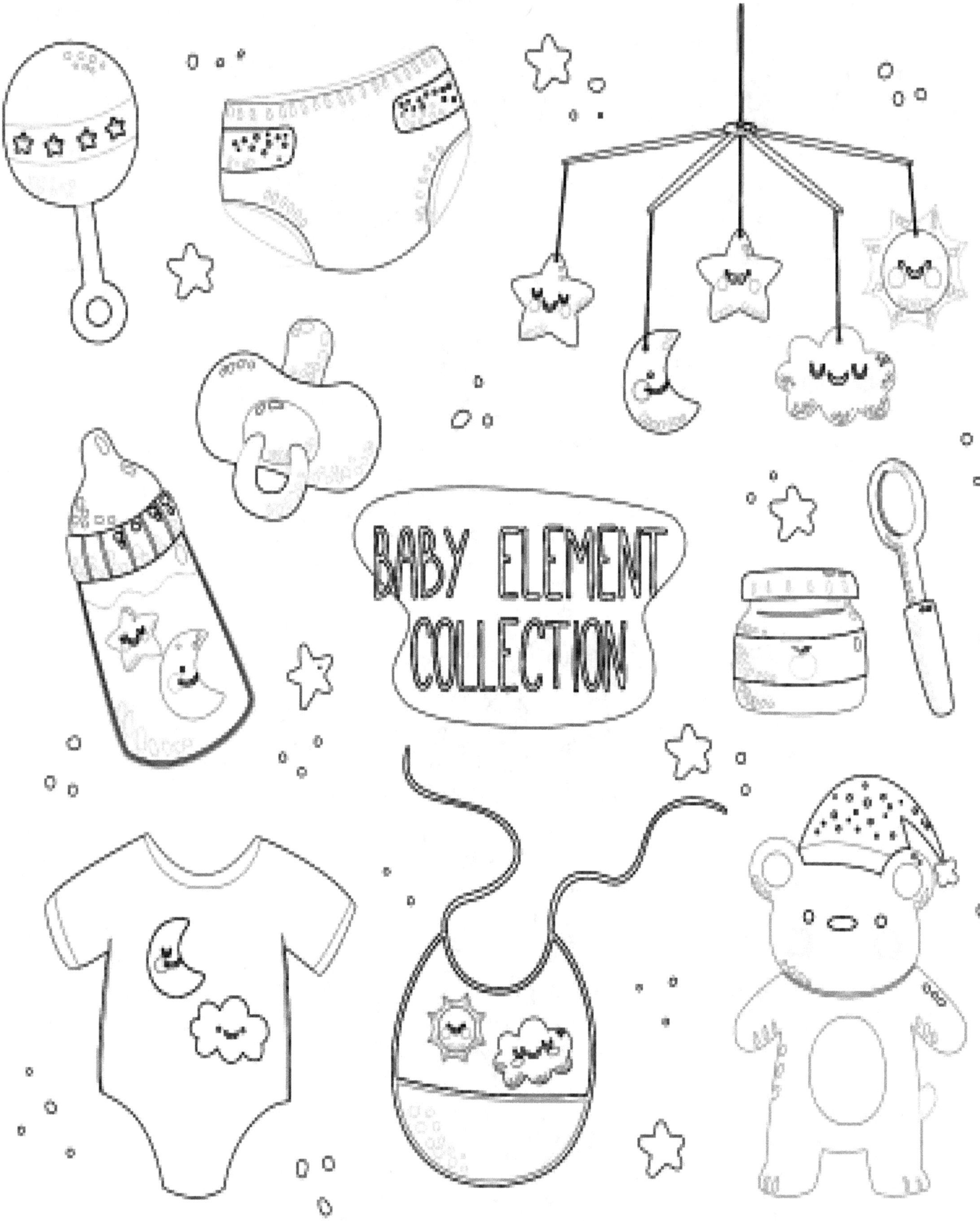
BABY ELEMENT
COLLECTION

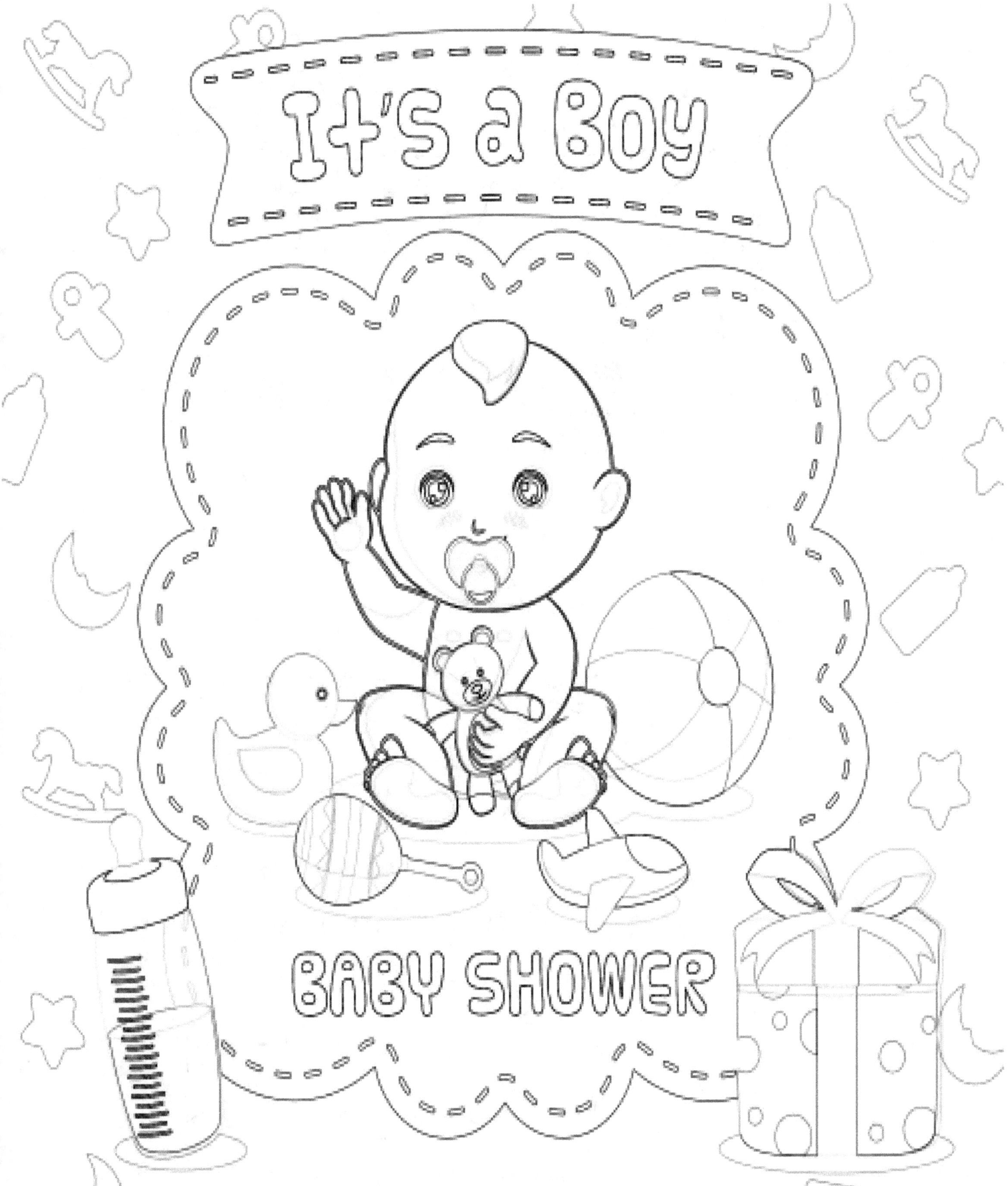
It's a Boy
BABY SHOWER

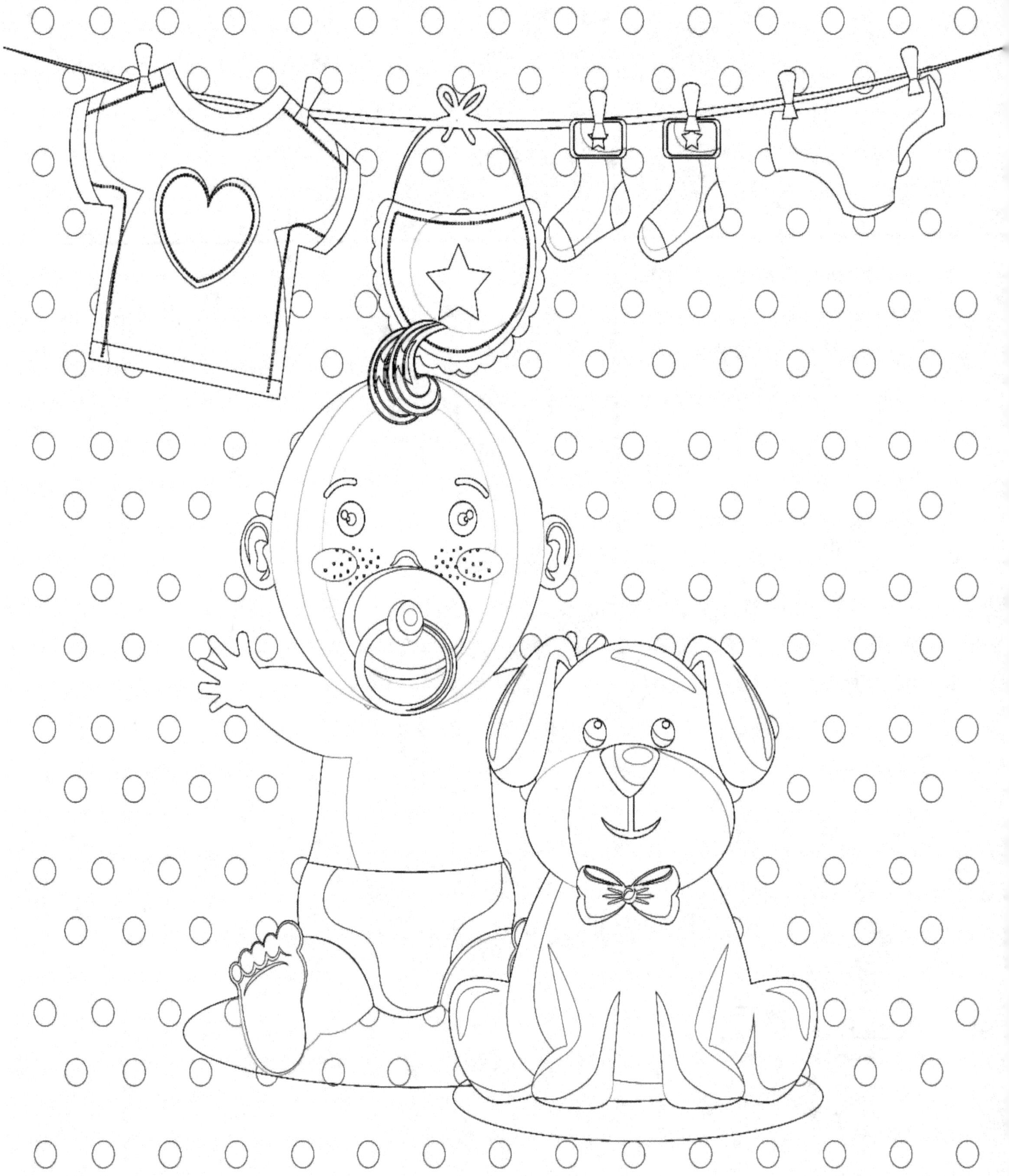

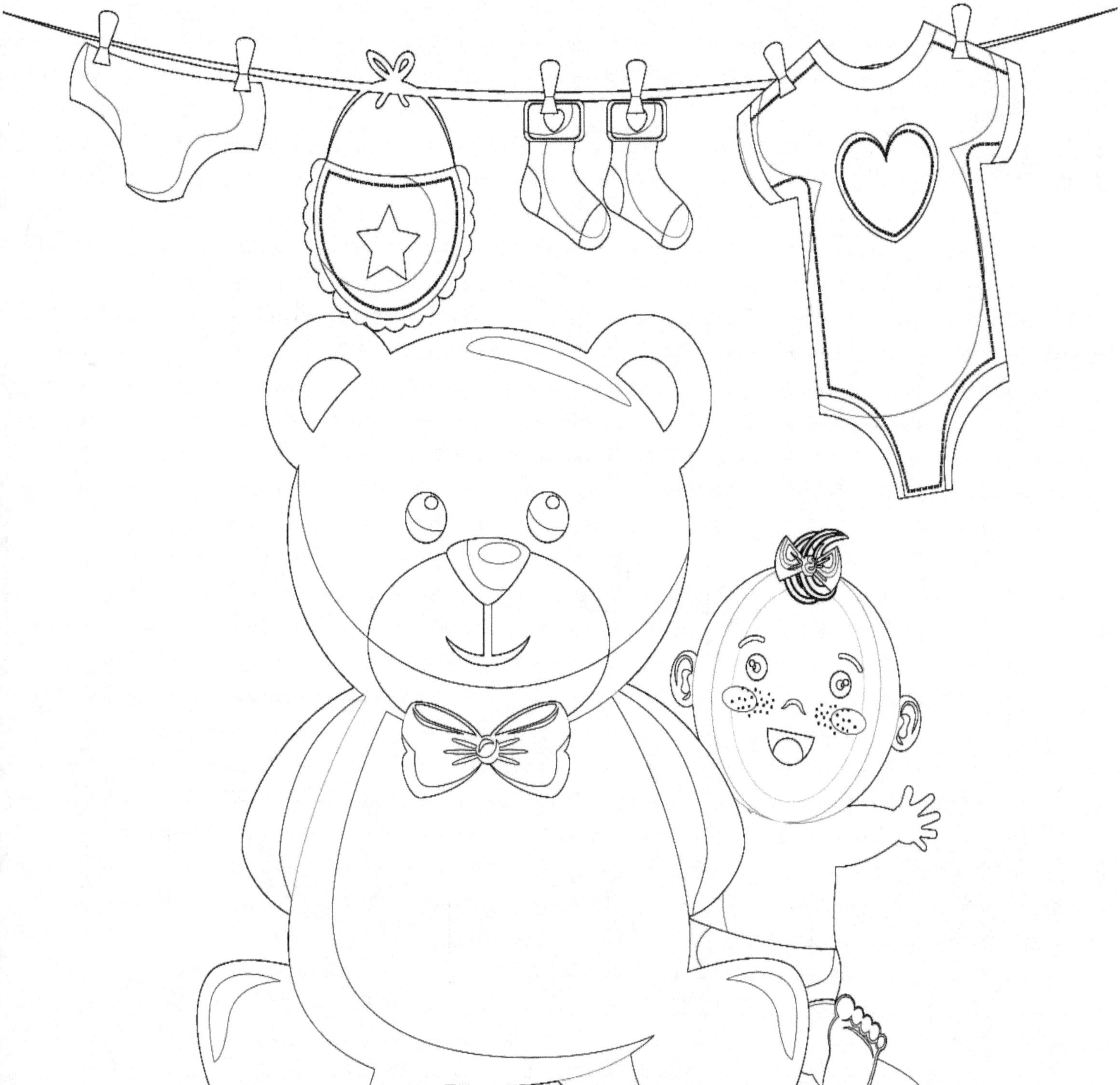

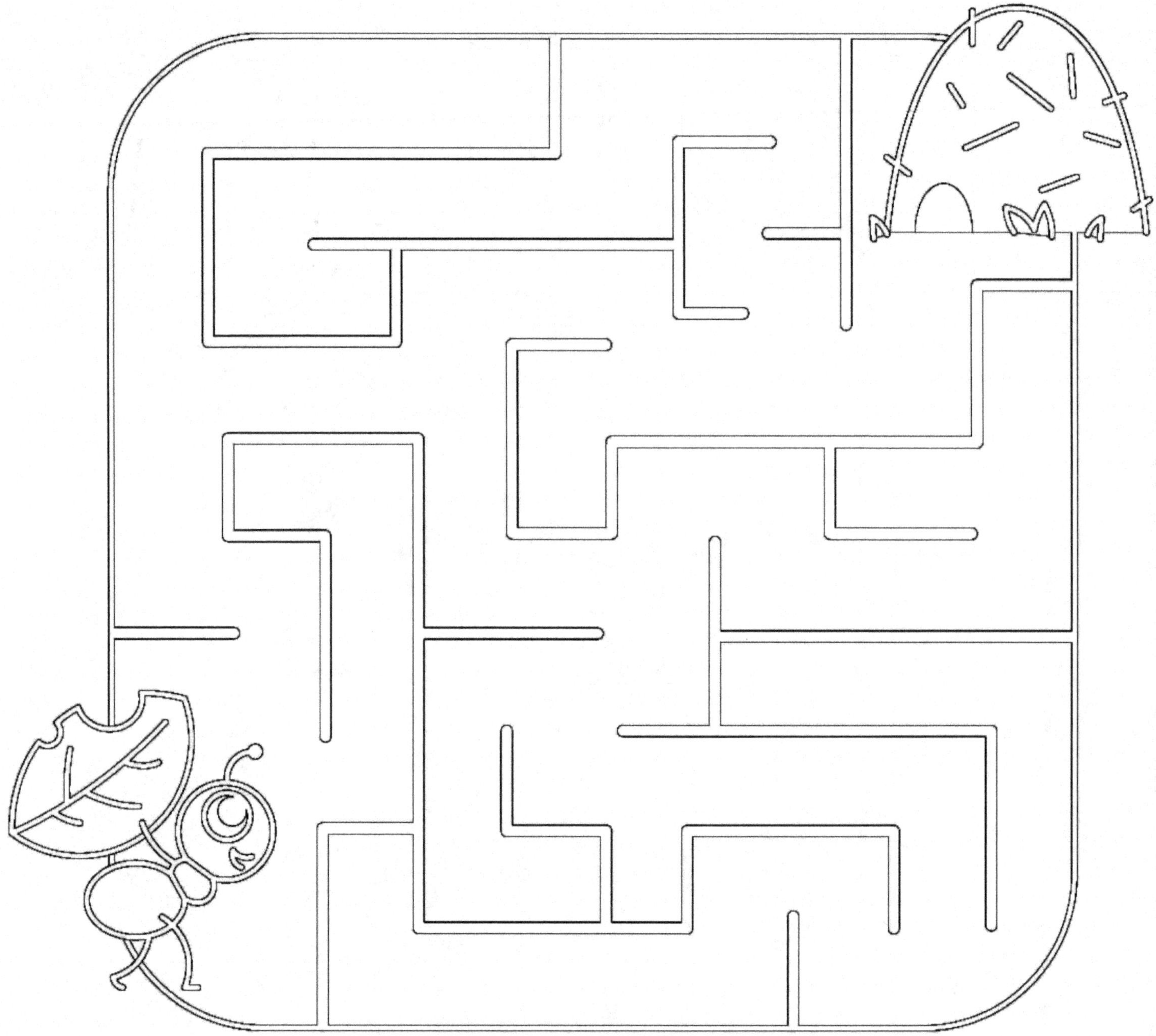

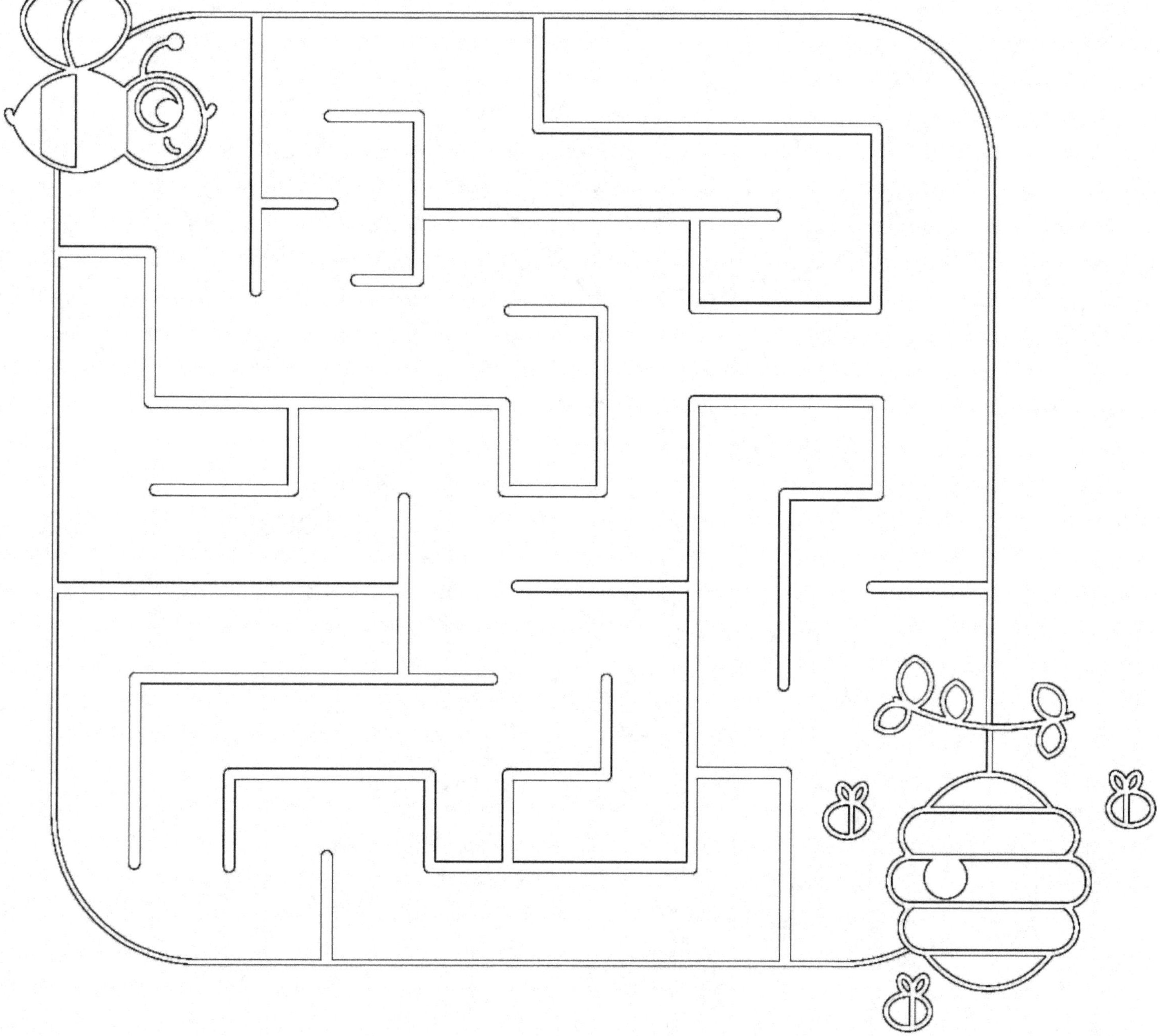

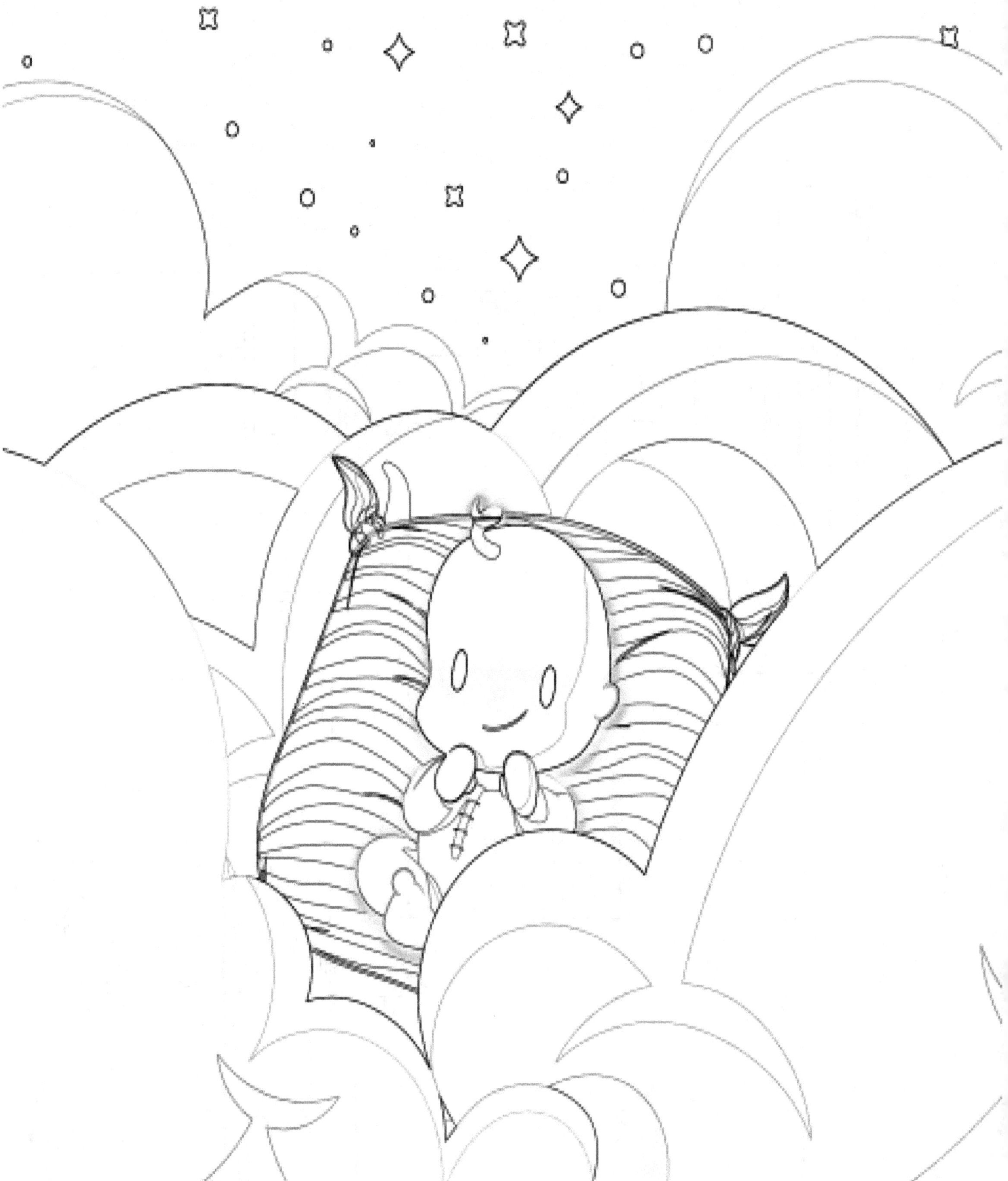

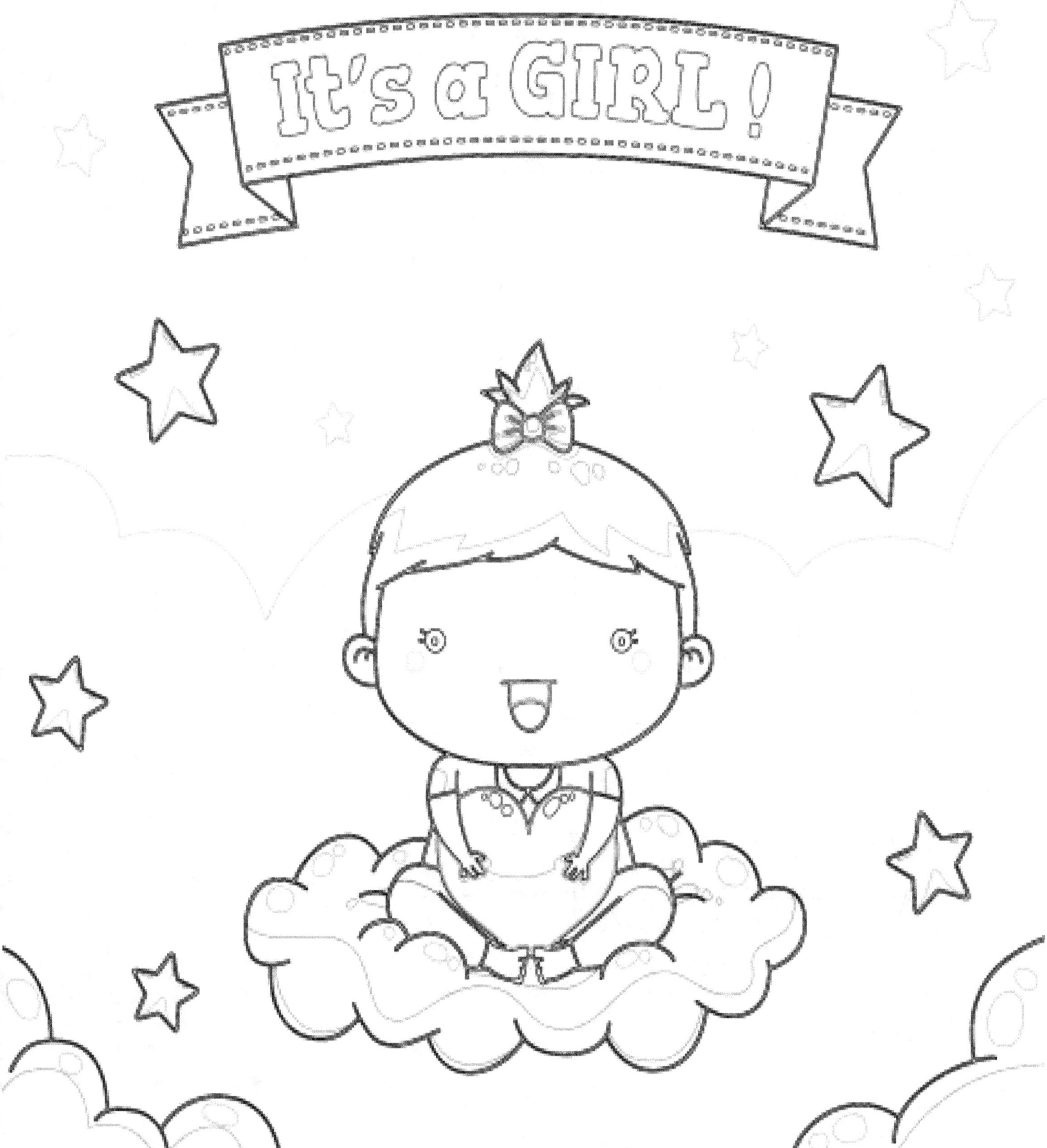
It's a GIRL !

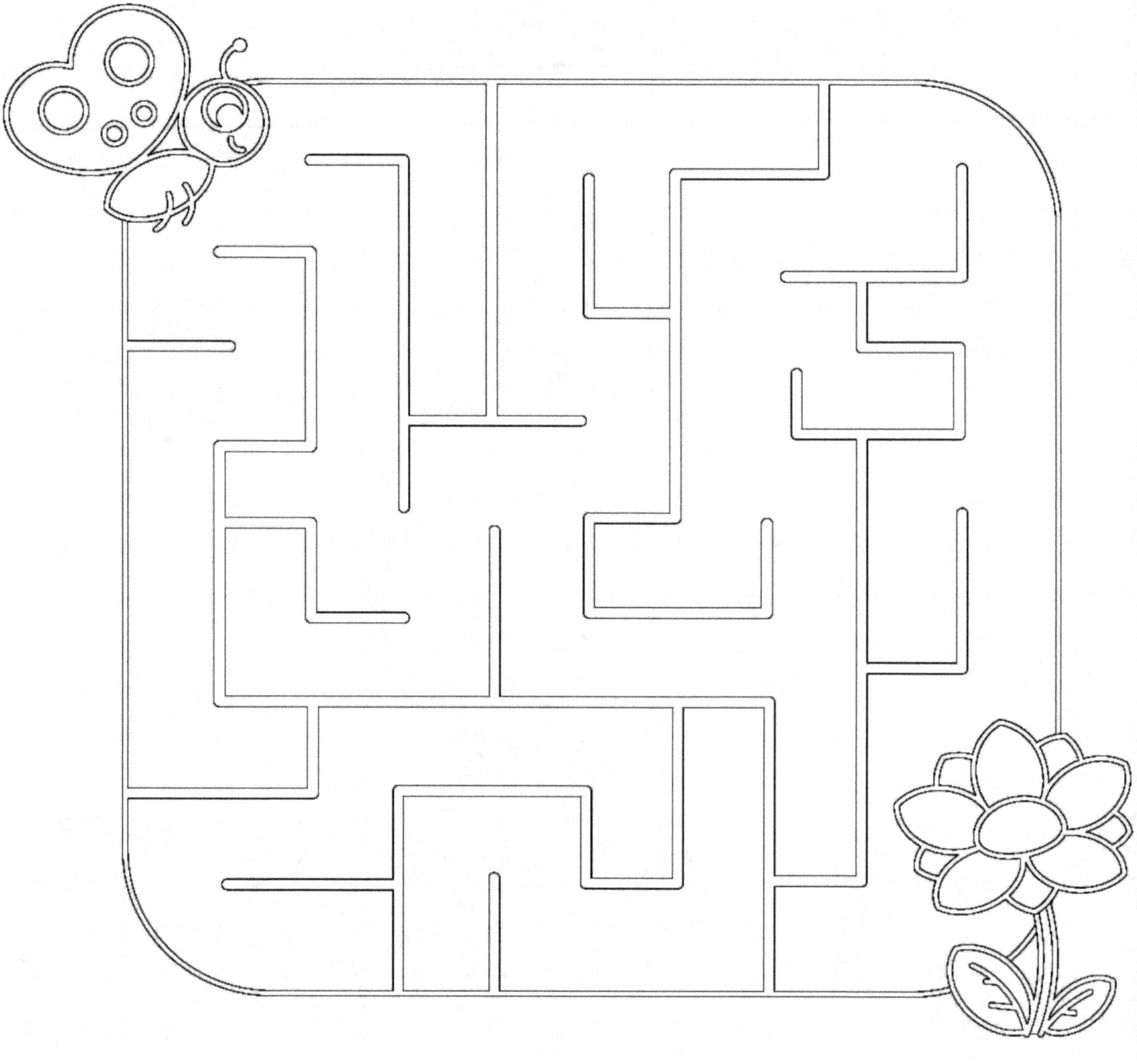

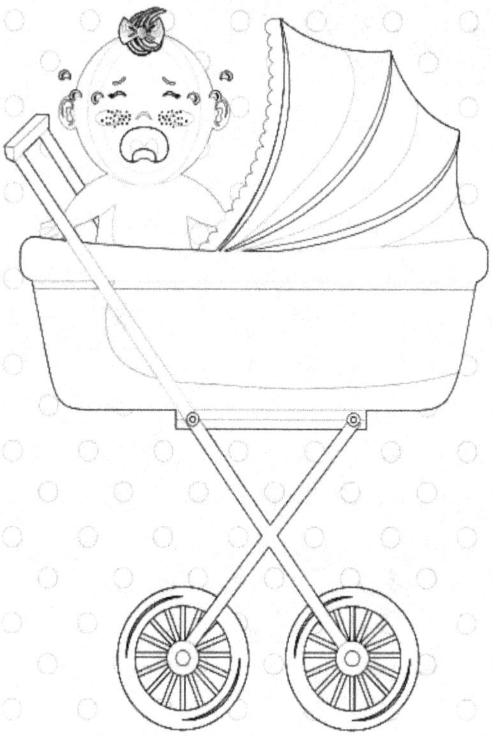
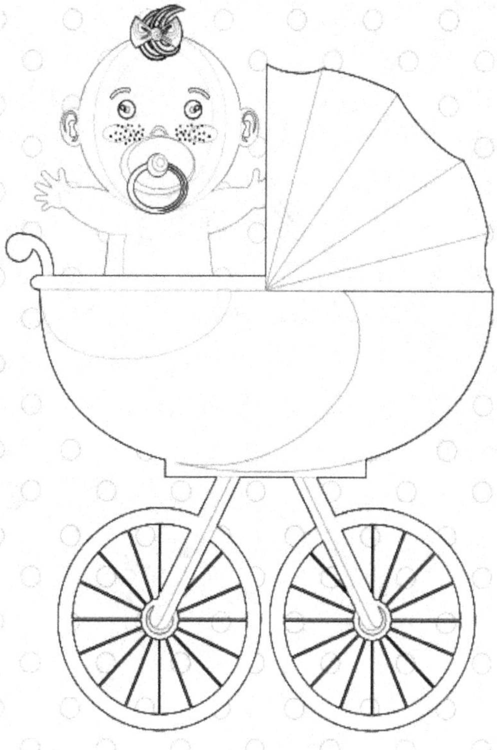
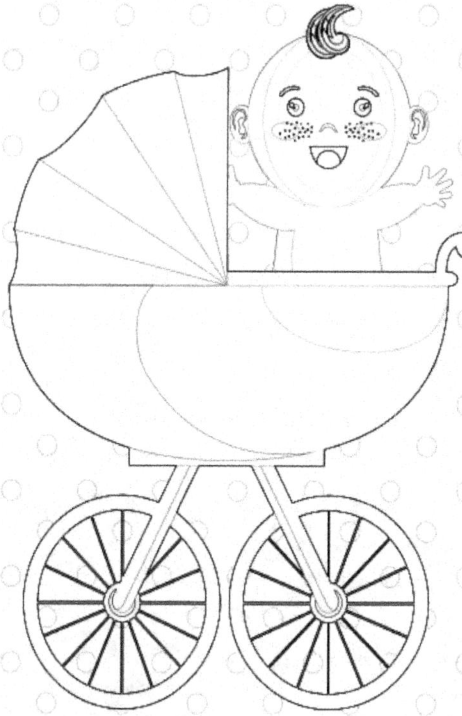
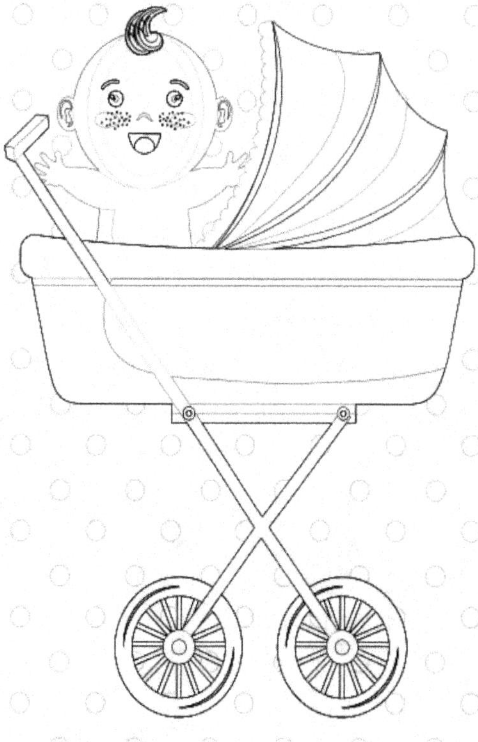

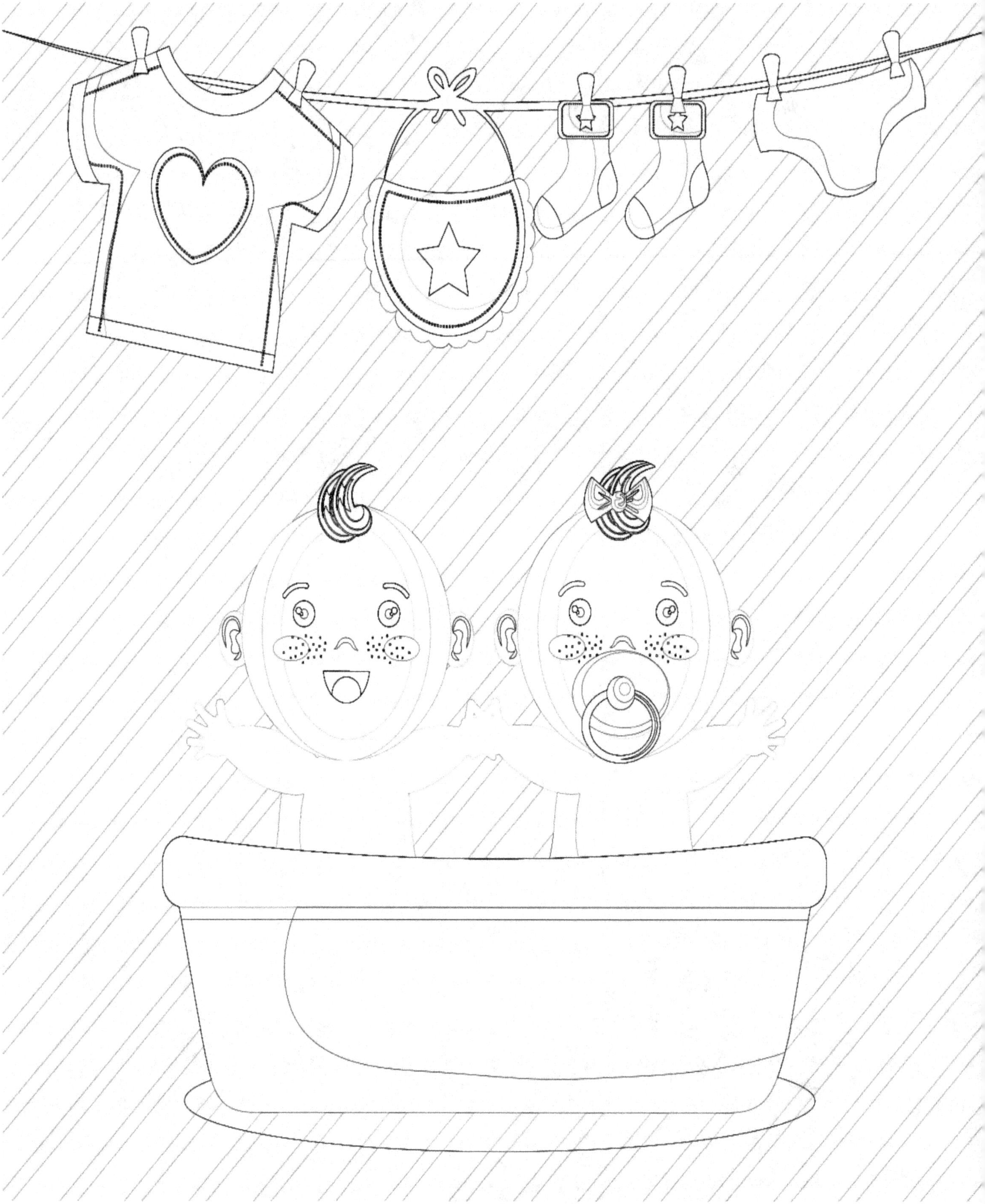

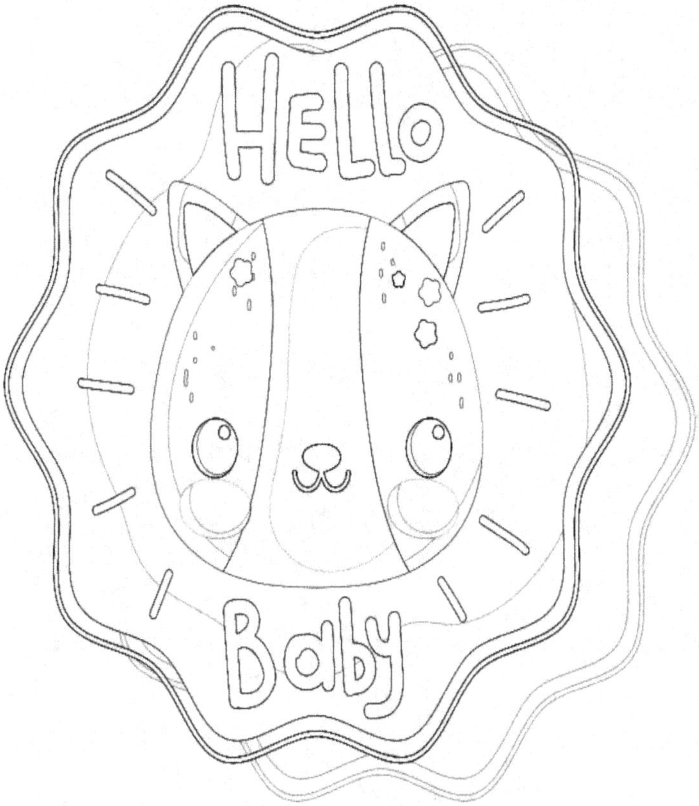
HELLO
Baby
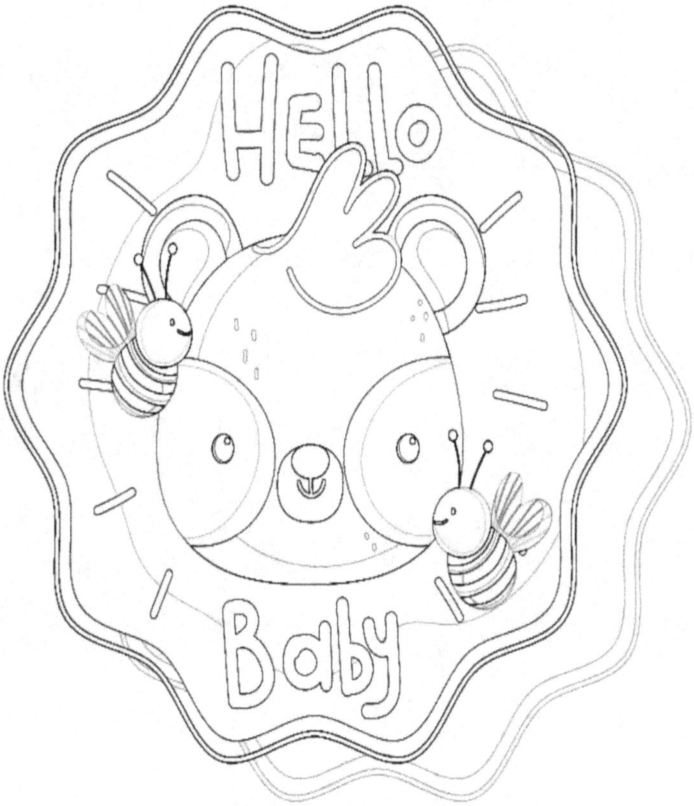
HELLo
Baby
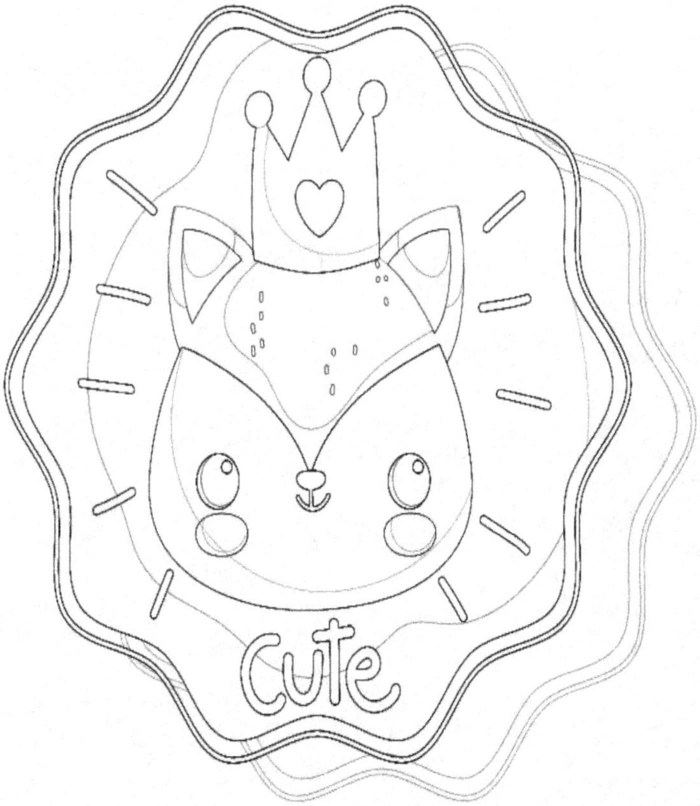
Cute
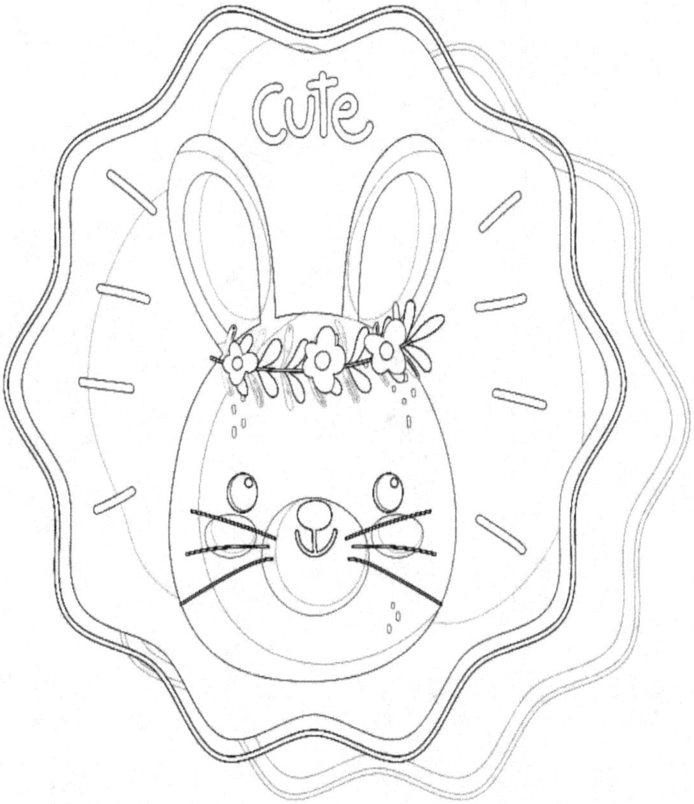
Cute

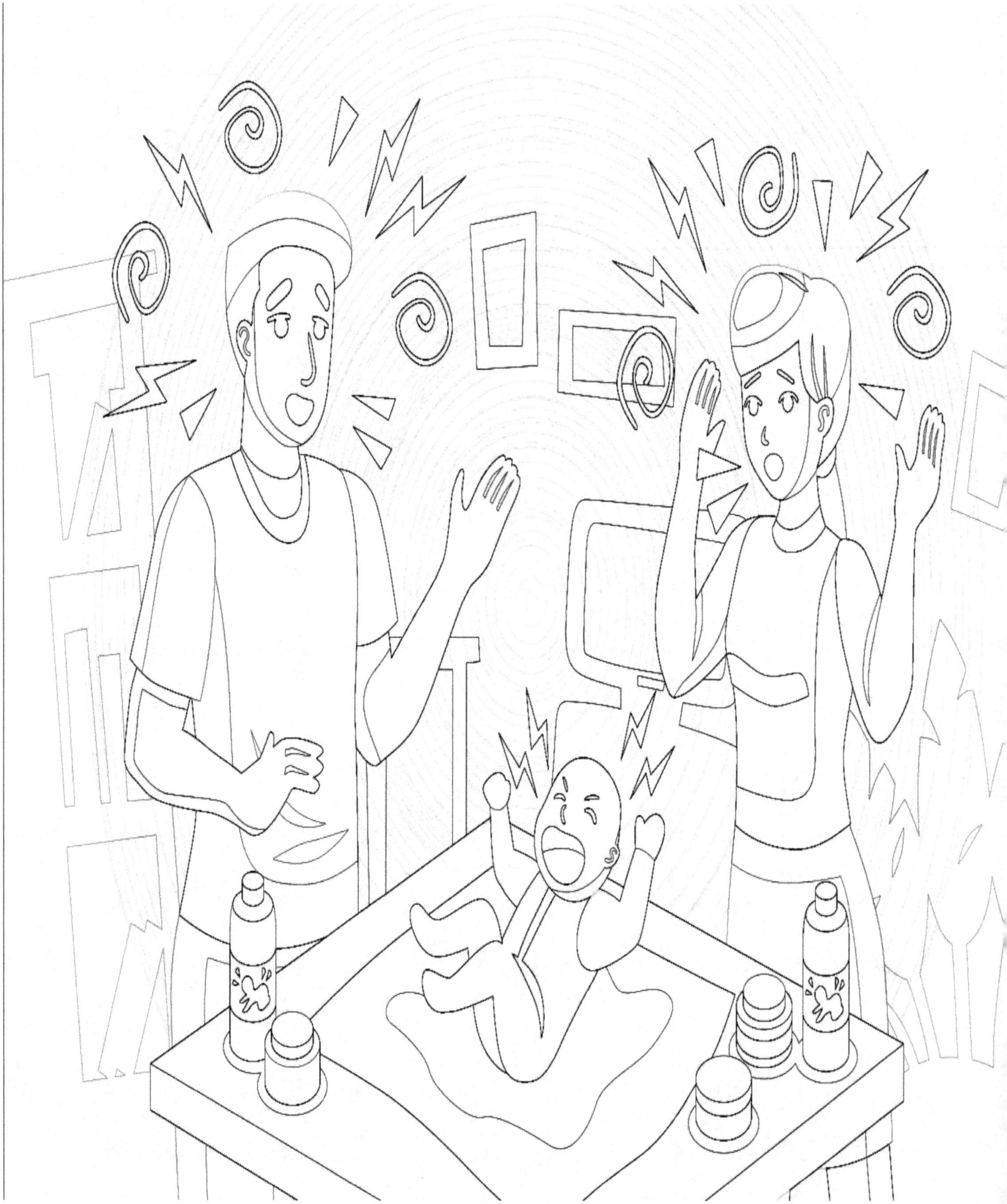

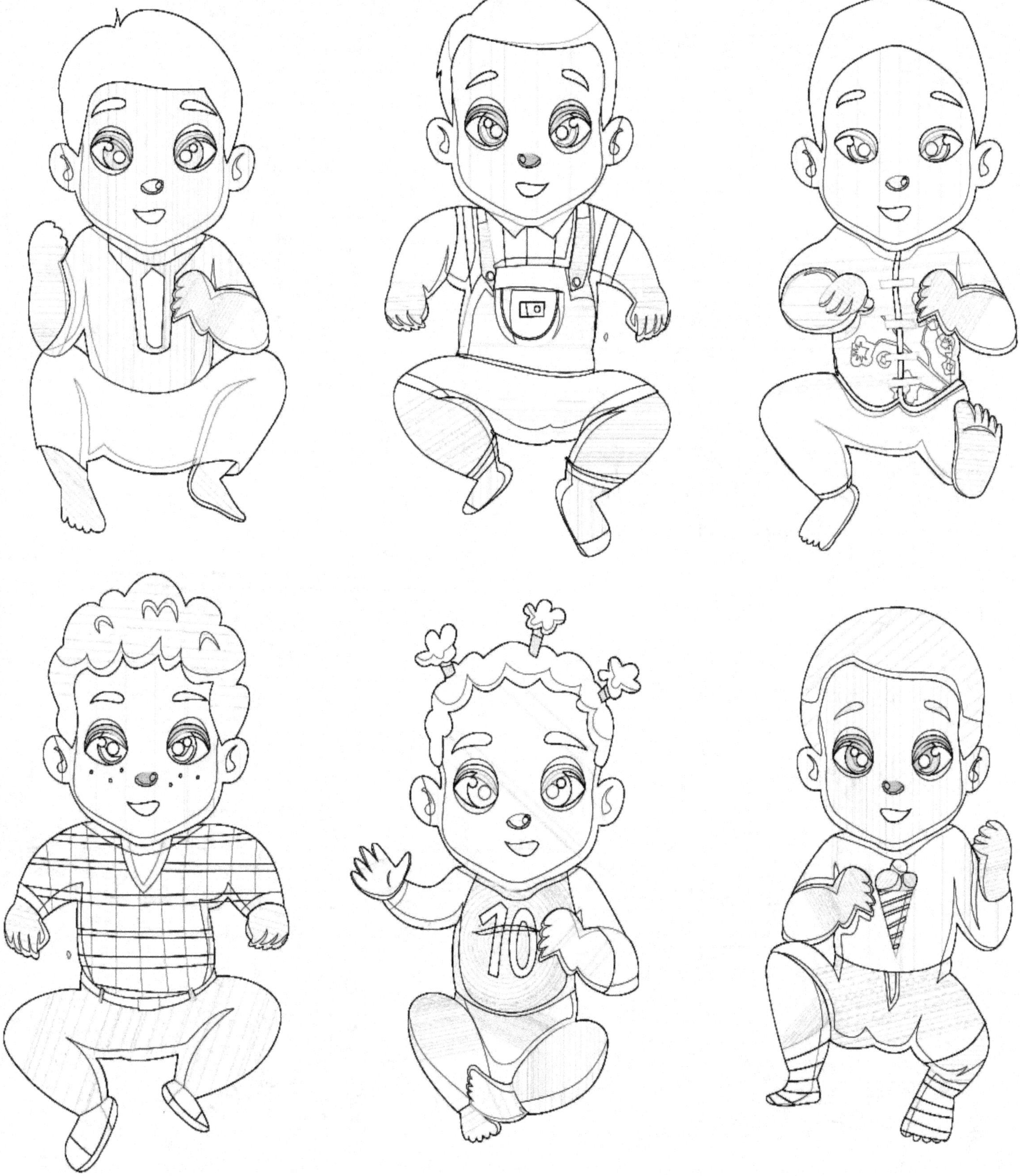
10

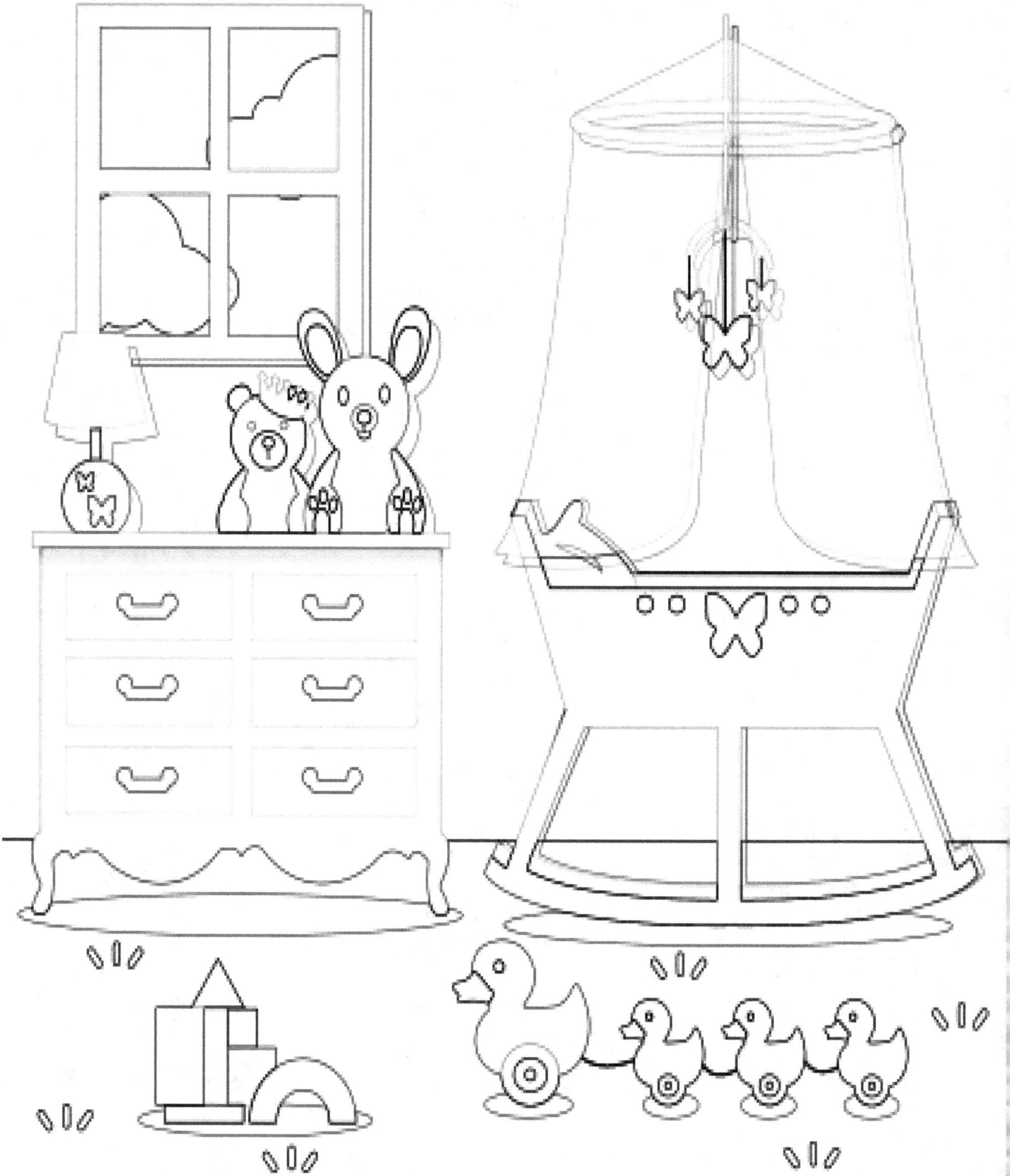

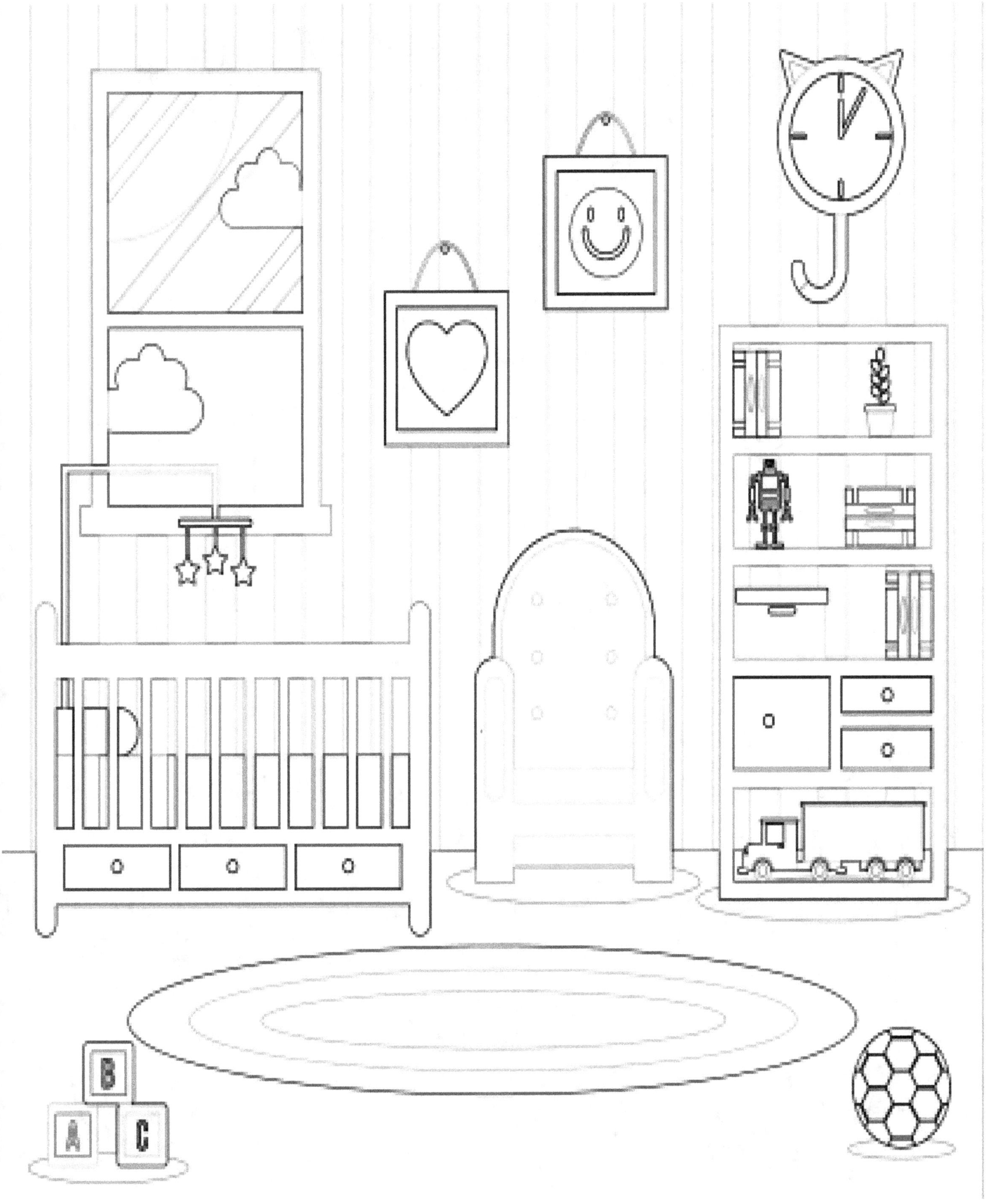
B
A
C

Baby Element Collection

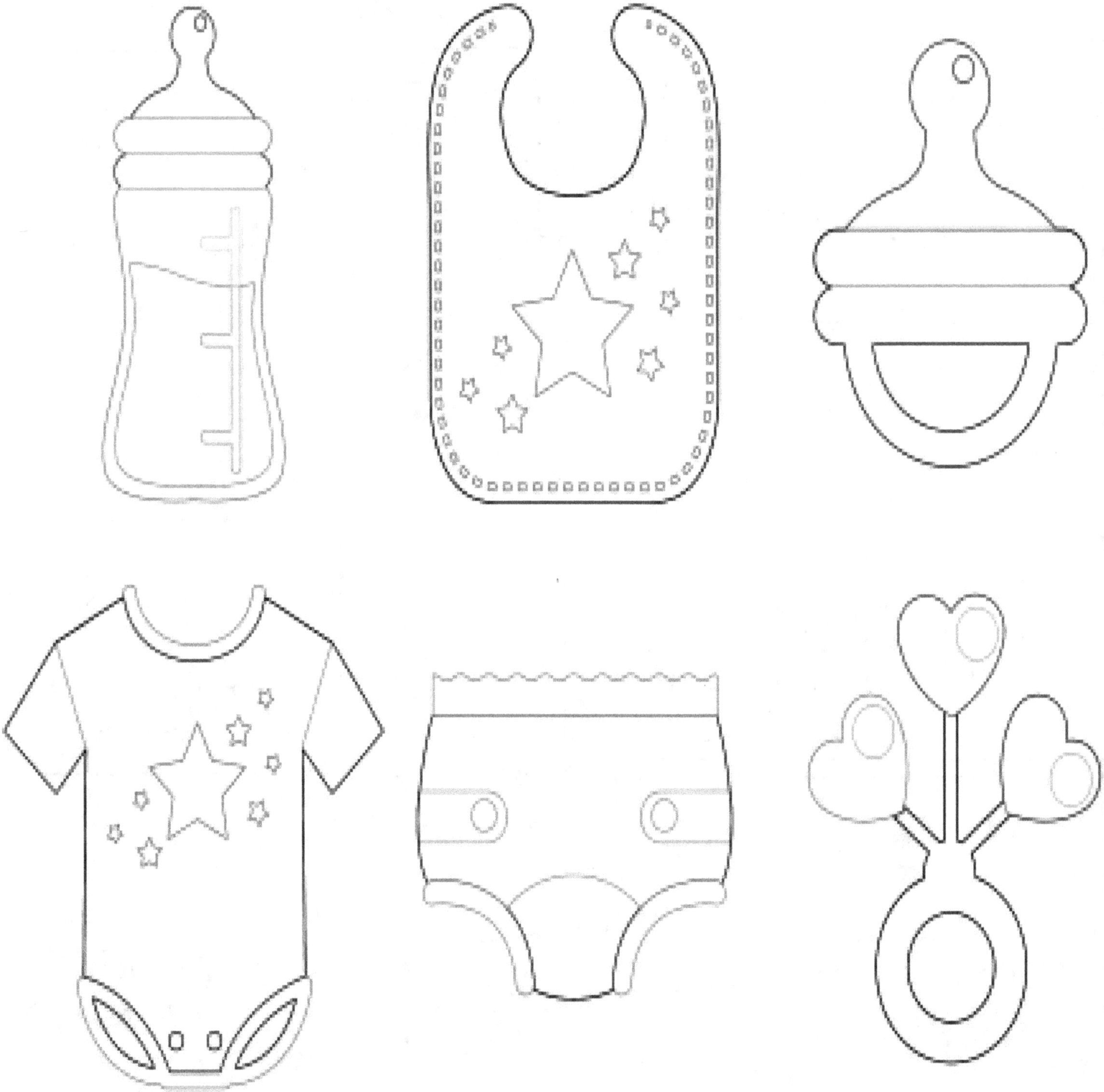

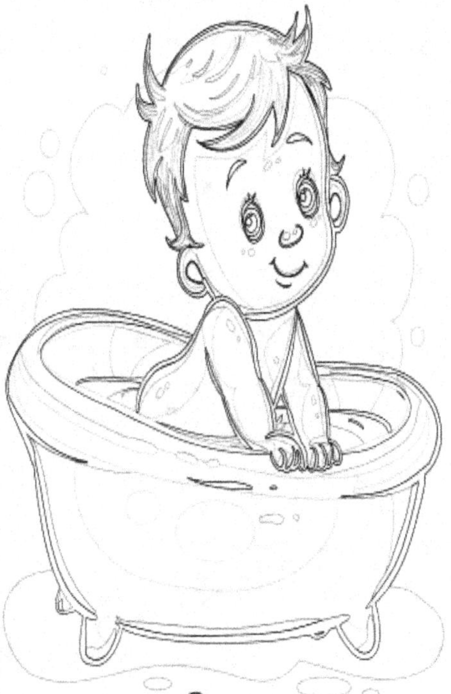
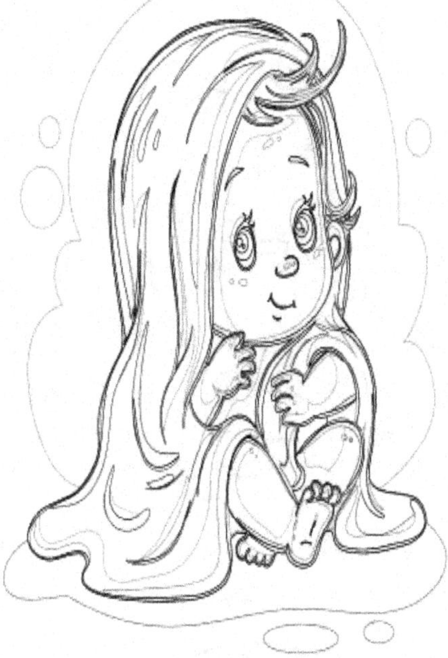
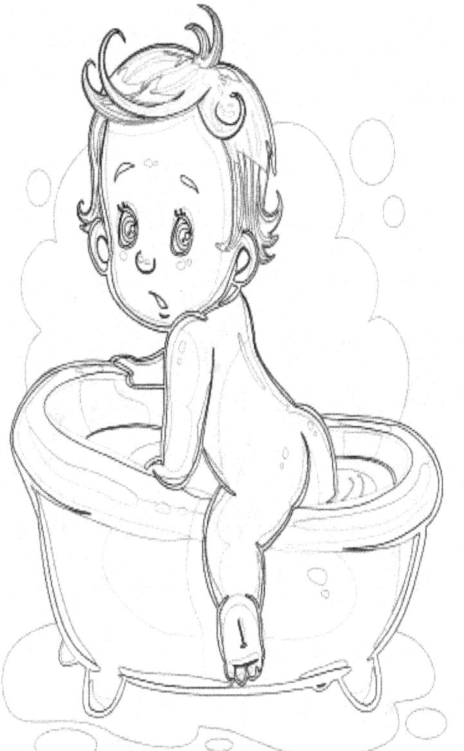
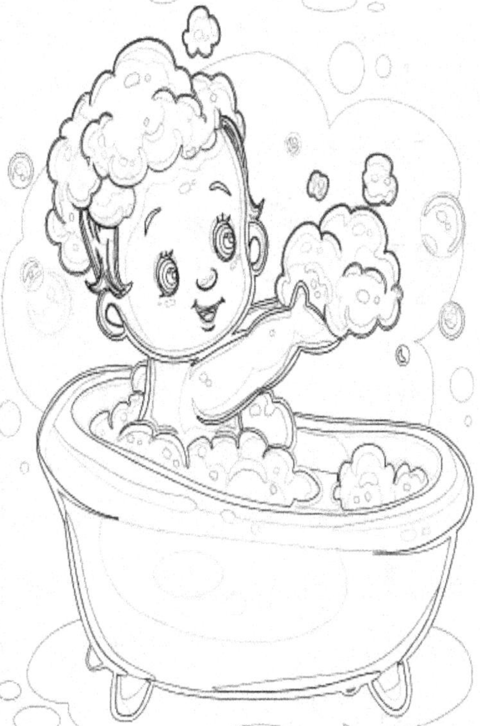
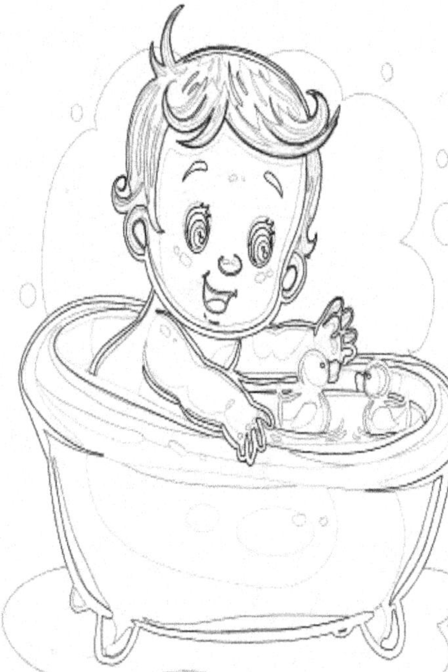
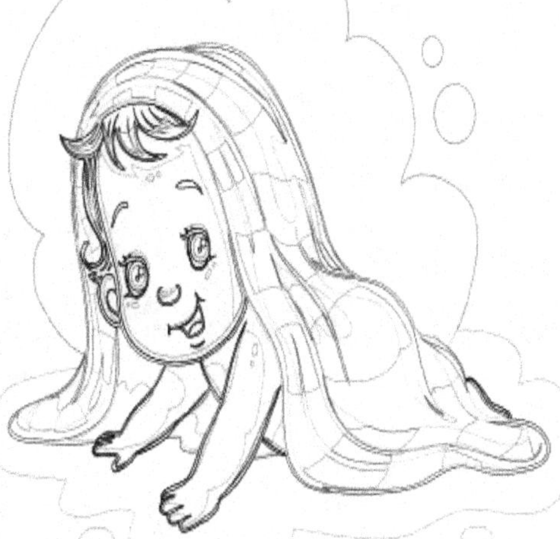

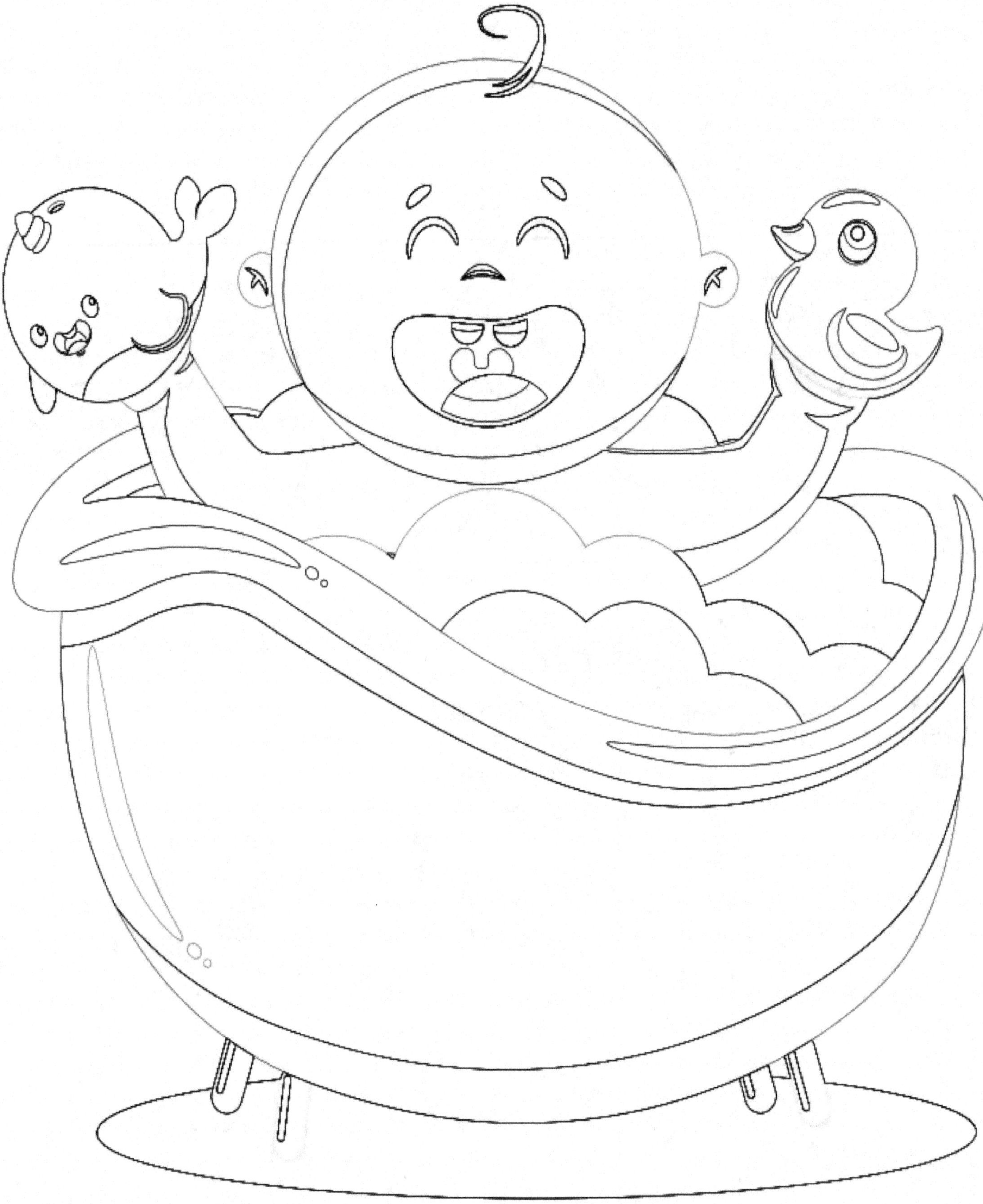

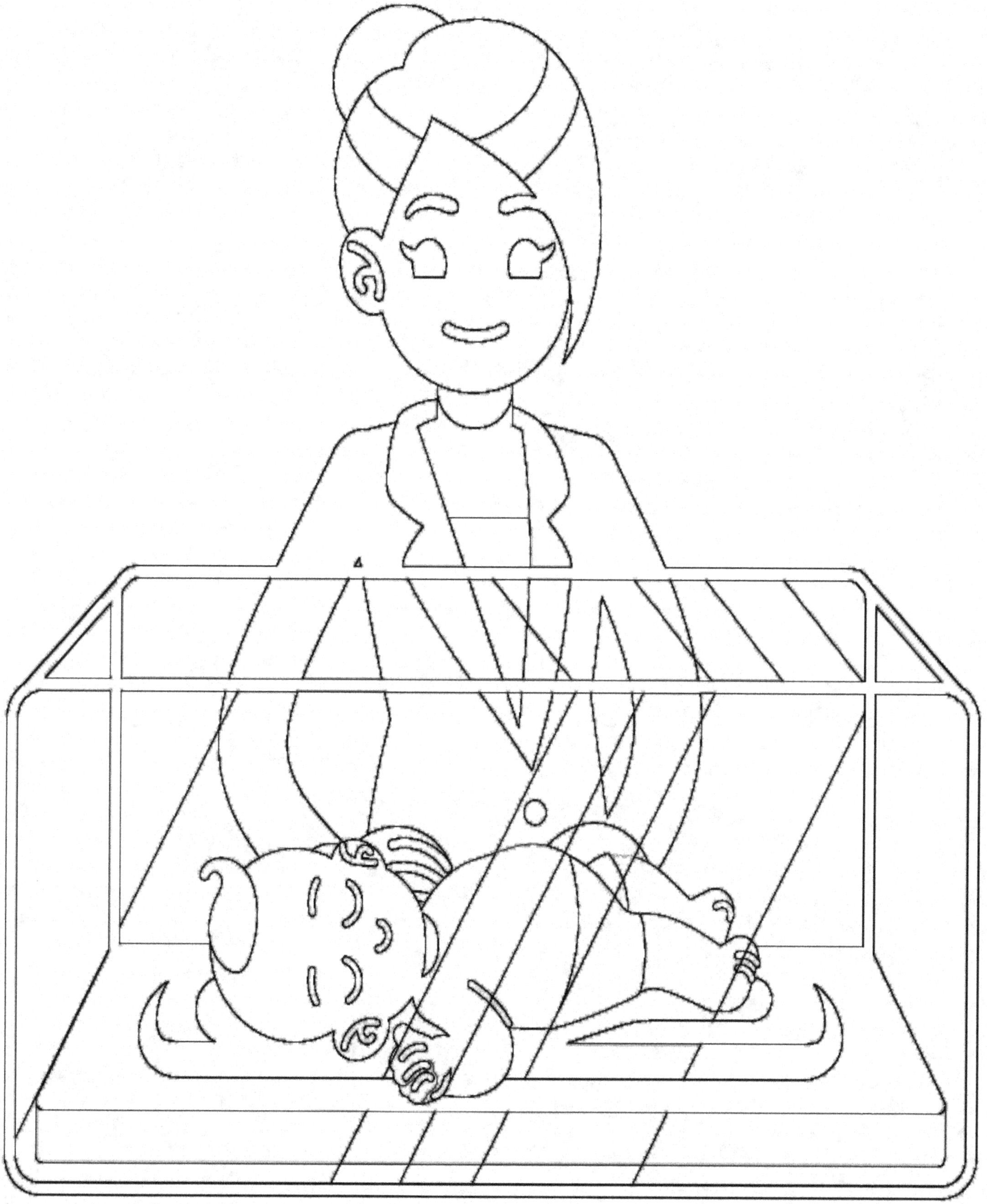

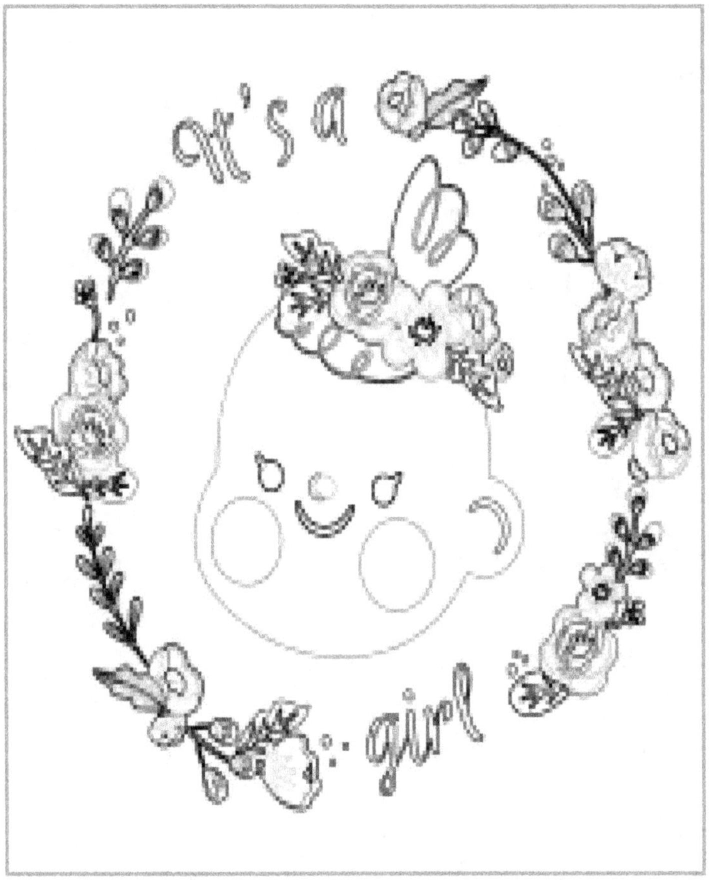
It's a
girl

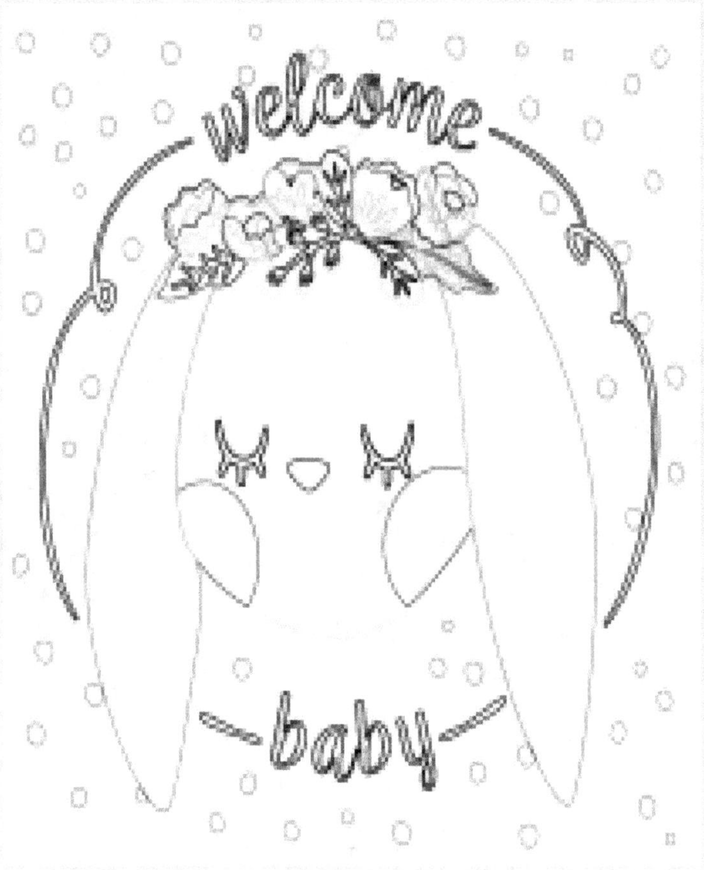
welcome
baby

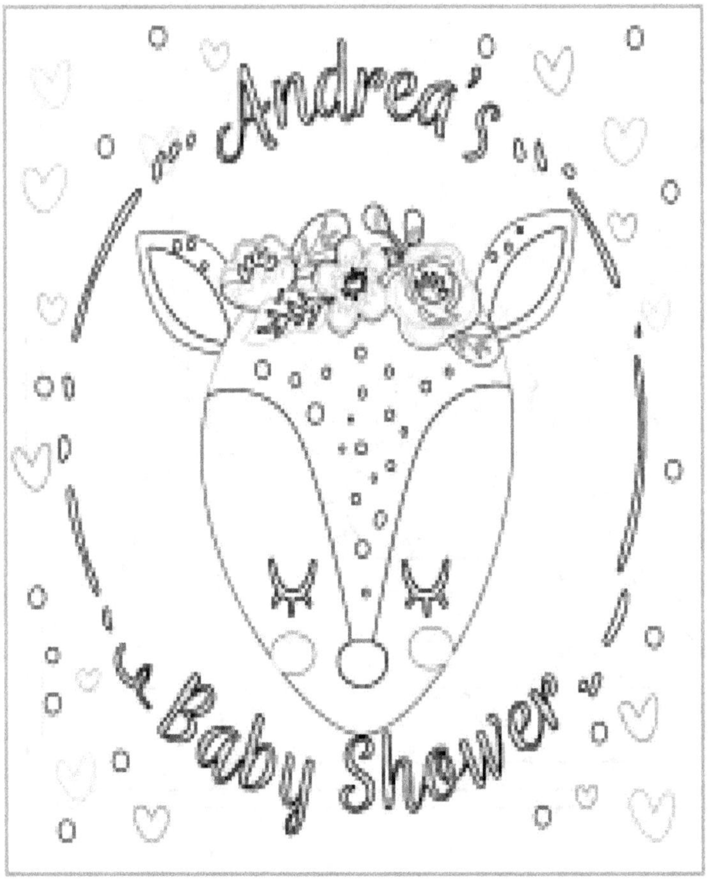
Andrea's
Baby Shower

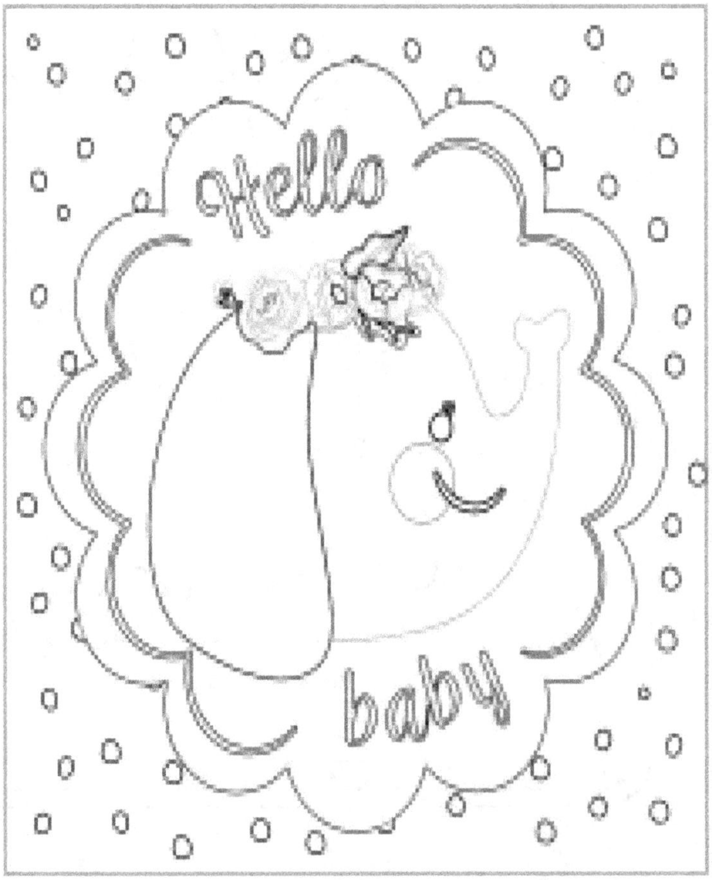
Hello
baby

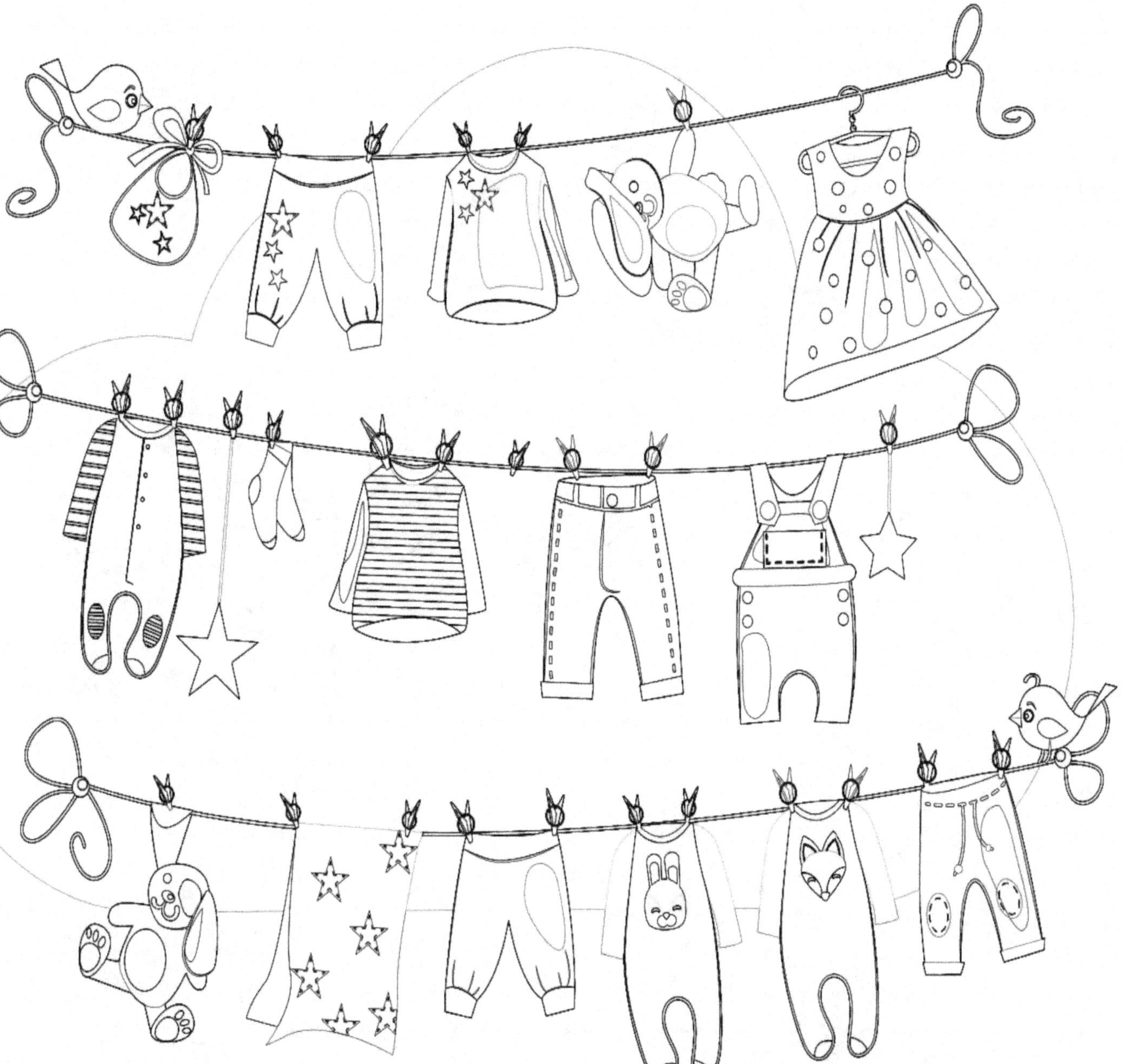

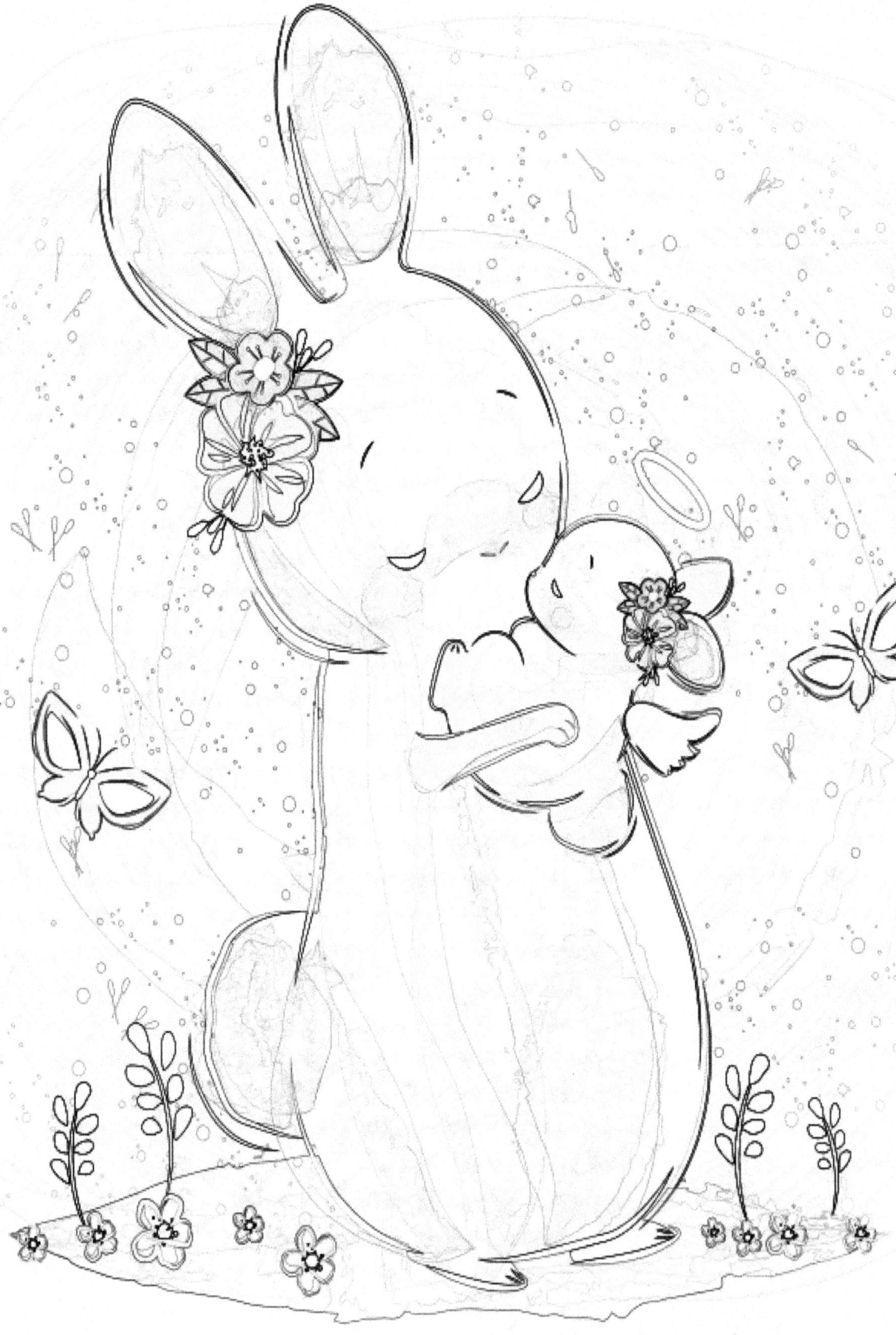

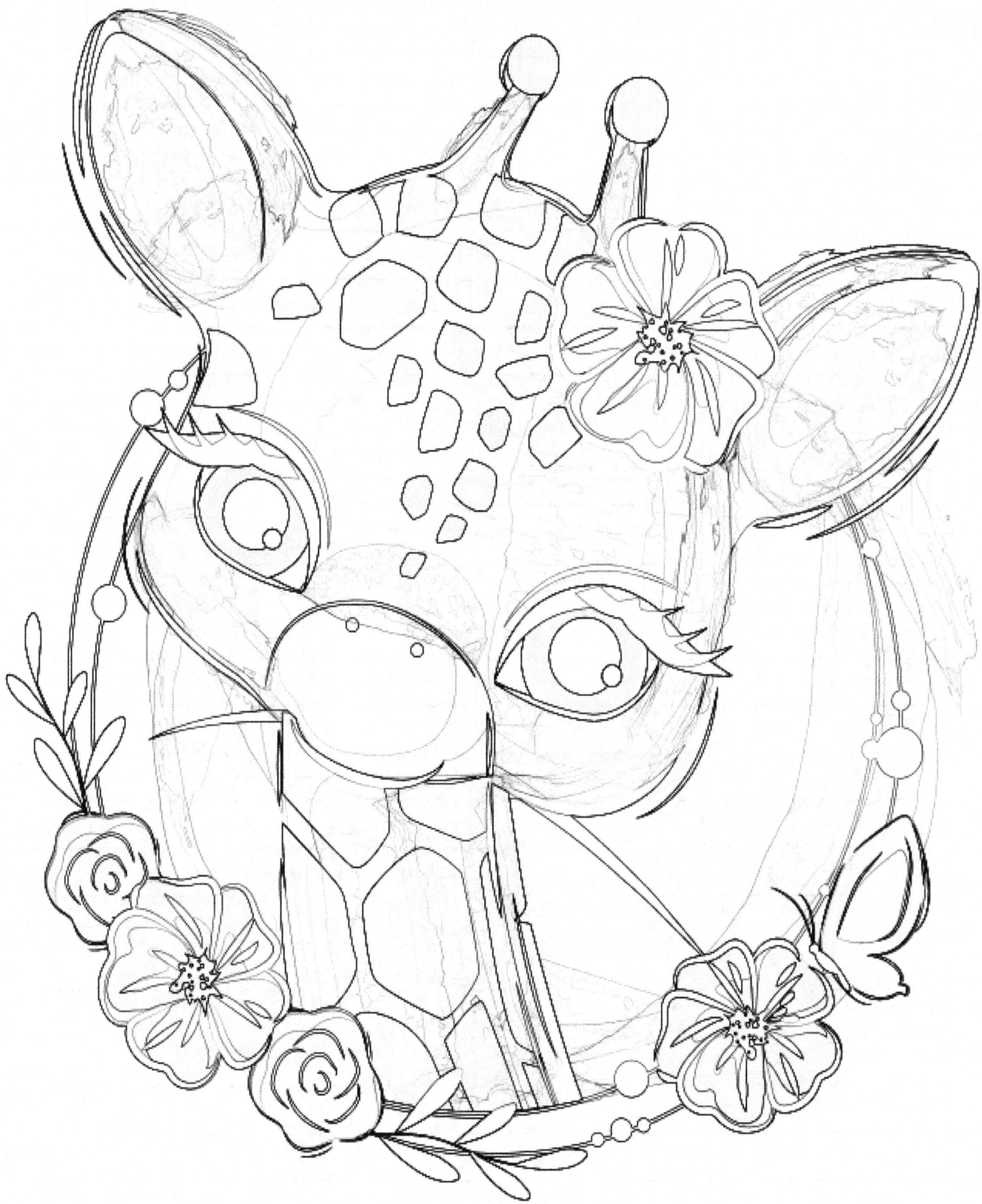

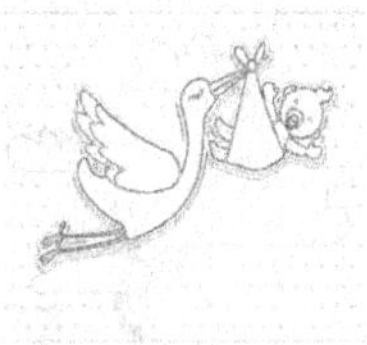

www.ingramcontent.com/pod-product-compliance
Lightning Source LLC
Chambersburg PA
CBHW081657220526
45466CB00009B/2786
* 9 7 8 1 6 6 1 1 1 1 6 0 1 *